英単語使い分け グラデーション マップ GRADATION MAP

平見尚隆
Naotaka Hirami

ベレ出版

はじめに

　私は米国系自動車メーカーの国際拠点（米、英、独）で7年間にわたり業務を行った経験があります。その間に英語を母語とする native speaker of English（ネイティブスピーカー）である多くの上司、部下や仲間と仕事を行う機会に恵まれました。そんなときに気付いたのが、当然ですが、彼らは日々の業務や生活の中で、単語の選択や表現の仕方に注意しながらコミュニケーションをとっているということです。

　日本人も日本の社会の中で同じことをしています。しかし、いざネイティブスピーカーの中に入って英語でコミュニケーションをとるとなると、言いたいことを口に出すことが精一杯で、そこまで考えが及ばないケースが多いのではないでしょうか。しかし、そんな時こそ、学校での英語学習で鍛え、日本人が得意としている書き換えテクニックや、同意語のボキャブラリーが威力を発揮してくるのです。問題はそれらのニュアンスの違いまで、しっかり学んでいないケースが多かったということだと思います。

　例えば、学校時代に maybe、probably そして perhaps といった副詞を習ったとき、多くの方が「たぶん」や「おそらく」と覚えたのではないでしょうか。日本語に訳すと同じ意味になります。そして、英作文では、それらを互換性があるものとして、どれかを選ばれたと思います。しかし、実際にはネイティブスピーカーである話者が考えている可能性のレベルは異なります。この

辺りのニュアンスの違いを理解すれば英語でのコミュニケーションレベルがグッと上がるはずです。

　そのような例はビジネスや生活の多くの場面にあります。そこで、使用頻度の高い表現を的確に頭に入れ、使っていくことが効果的であると考えました。本書では、頭に入りやすいように私がグラデーションマップと呼び、セミナーなどで用いている相対的位置を規定するマップに英単語や英語表現を当てはめる方法を採用しました。この方法を使えば類似しているがニュアンスの異なる表現をイメージで理解し、使用することができます。そして、これまで学校で身につけてきたシンプルな単語や表現方法を用い、相手に意図した通りに思いを伝えることができるようになります。各単語には色々な意味や用法があります。そして、全く同じものはありません。なぜなら同じであれば、過去の長い歴史の中で、一つだけ残して他は淘汰されていったはずだからです。それらの表現の違いは必ずしもきれいに順番に並べ説明できるものではありませんが、本書の切り口が一つの参考になると考えています。

　読書法としては、短期間に本書を繰り返して読み、ニュアンスの違いや効果的な表現方法を感覚として身につけたり、ネイティブスピーカーから送られてきた文書や記憶に残った会話表現を本書で確認することをお勧めします。なお、ニュアンスの追加説明が必要であると思われる表現には例文も併記してあります。参考

にしていただければと思います。

　本書を活用し、一人でも多くの人がニュアンスの異なる英語表現を身につけ、自信を持って英語でコミュニケーションを行い、そして、それらを楽しんでいただきたいと願っています。

　本書を執筆するにあたって、多くの方の励ましとアドバイスを受けました。分けても査読いただいた中野博子さんならびに木本由佳さんには大変お世話になりました。皆様のご厚情に心からお礼申し上げます。

　なお、執筆内容は私の所属法人・団体の見解ではなく、あくまで私個人のものであることを付記しておきます。

平見尚隆

もくじ

Chapter 2
効果的な会話表現を身につける

Chapter 5
ビジネスで多用される表現のニュアンスの違いを身につける

Chapter 6
会議で使える便利な表現を身につける

00 丁寧さを醸し出す方法

　本書のグラデーションマップ上で紹介しているニュアンスの異なる表現は、①単語固有の意味や用法の違いによるものと、②丁寧さなどを醸し出すために、表現の視点や言い回しを変えたものに大別できます。

　前者に関しては、それぞれの表現をご確認いただきたいと思います。一方、後者に関しては（拙著『企業で必要な英語コミュニケーション力を身につける』で紹介）、下図「丁寧さを醸し出す方法」で説明がつきます。その場合各テーマの[Point]の説明の中に、例えば☞ 00-2-2-1 といった具合にこのツリー図内の参照場所を示しています。どの方法が使われているかわかると、理解が深まります。

［例］☞ 00-2-2-1

00（本テーマ「00　丁寧さを醸し出す方法」）- 2（直接的な表現を避ける）- 2（相手を主体にしない）- 1（自分（達）を主体とする）

丁寧さを醸し出す方法

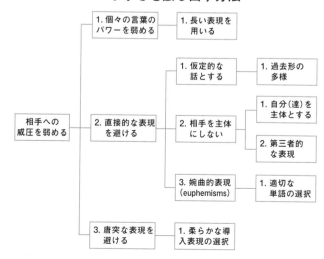

Chapter 1

混同しやすい単語の
ニュアンスの違いを
身につける

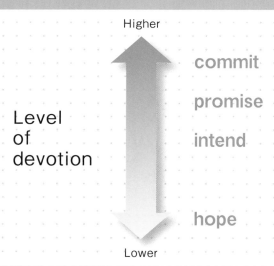

Higher

Level
of
devotion

commit

promise

intend

hope

Lower

I'm committed to
showing results.

結果に責任を持ちます。

We are glad to hear of
your commitment.

本気で取り組む姿勢を
聞けてうれしいです。

使用例文

☐ He promised to help us; we will probably succeed.

☐ We intend to help you; but, we cannot guarantee it.

☐ I hope to help you next time.

高い

本気で取り組む、献身する

約束する

献身度

意図する

希望する

低い

Point：

近年、日本語でも英語の表現がそのまま用いられ、「結果にコミットします」などと、「お約束します」よりも一段高い献身や自信のレベルを表現し、「責任を持ちます」というニュアンスを出すことがあります。そこまでは自信がないな、というときは「もしかしたら達成できないかもしれないが頑張ります」といったニュアンスの intend、「成り行き次第では達成できるかもしれません」というニュアンスの hope を用います。

___| 彼は私たちを助けると約束しました。おそらく成功するでしょう。

___| 私たちはあなたを助けるつもりですが、保証はできません。

___| 次回お役に立てればと思います。

02 「話す」を意味する表現

Expressions for "speak"

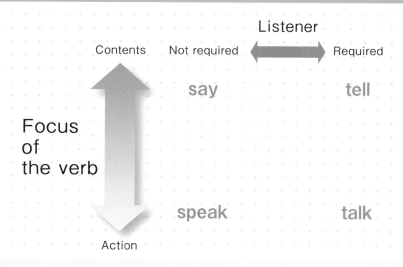

Listener

Contents　　Not required ⟷ Required

say　　　　　　　**tell**

Focus
of
the verb

speak　　　　　**talk**

Action

This candidate speaks a lot,
but doesn't say anything.

この候補者はよくしゃべるが、
内容がないね。

使用例文

☐ I do not have time now. I will talk to you later.
☐ Please tell me the truth.

Key words
say, speak, talk, tell

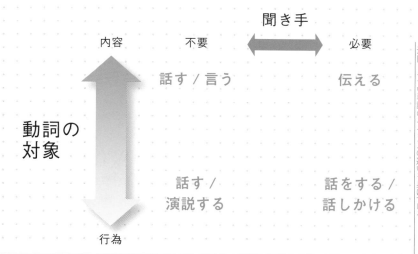

Point：

英語にはいくつかの「話す」という動詞があります。それらの使い分けの観点は動詞が伝えようとする対象と、聞き手が必要か否かです。say と tell は話す内容を伝えるために用いられるケースが多いですが、speak と talk は話す行為を想起してもらうために多く用いられます。一方、say と speak は聞き手を特定する必要がなく一方的に話すイメージで、tell や talk は伝達や会話をイメージさせます。ですから、「この候補者はよくしゃべるが、内容がないね」というときは、This candidate speaks a lot, but doesn't say anything. となります。また、「我々の上司は会議で話し続けたが結局何を言いたかったのかわからなかった」は Our boss kept talking in the meeting, but didn't tell us anything. という表現で表せます。

☐ 今は時間がないので、後ほどお声がけします。
☐ 私にありのままを話して。

03 「思う」を意味する表現

Expressions for "think"

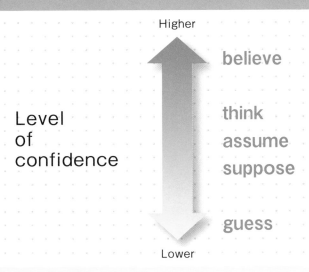

Level of confidence

Higher

believe

think
assume
suppose

guess

Lower

My educated guess is that she is the criminal in the detective story.

私のこれまでの知見では、彼女がその刑事ドラマの犯人だと思います。

使用例文

- [ ] As he is an honest person, I believe he is telling the truth.
- [ ] Based on the information, I think he is telling the truth.
- [ ] As we have been good friends, I assume that he will tell me the truth.
- [ ] A: Is he telling the truth? B: I suppose he could be.

Key words

assume, believe, guess, suppose, think

高い

信じる

確信の
度合い

思う

思う（根拠は無いが自信がある）

思う（自分なりの根拠はあるが自信無し）

憶測する（根拠も無く、自信も無い）

低い

Point：

一般に「思う」という動詞は think を用います。しかし、その「思う」に異なったニュアンスを持たせることができる動詞が多くあります。believe は本人の確信度が高く、assume や suppose などを用いると確信度が下がります。guess は推測の域を出ず、確信度は低くなります。ただ、educated guess といった名詞表現を用い、私の経験や知識に基づくと、というニュアンスを付け加えることもできます。100% 自信がある場合は、I think that などの表現は使わず、事実だけ述べます。例えば、She is the number 1 tennis player in the world. といった具合です。

___ 彼は正直者なので真実を語っていると信じます。

___ その情報に基づくと、彼は真実を語っていると思います。

___ 彼とは親友なので、真実を話してくれると思います。

___ A：彼は真実を話していますか? B：確かではありませんが、そう思います。

04 「提案する」を意味する表現

Expressions for "propose"

Stronger

Strength
of
suggestion

advise

recommend
propose

suggest

Weaker

Take this supplement.
It is highly recommended.

このサプリメントを飲まれたらどうですか。
大変おすすめですよ。

使用例文

☐ Mike seems to be sick. The doctor advised him to quit smoking.

☐ Diana proposed to hold a health promotion week.

☐ What would you suggest him to quit smoking?

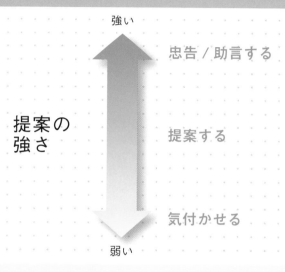

Point：

advise は日本語のアドバイスに近く、専門家や上司からの助言といったイメージです。上から目線と取られる可能性がありますので、話す対象によっては注意が必要です。なお、advise は動詞ですが、名詞形は advice となります。

一方、recommend や propose は共に相手に対し積極的に提案を行うイメージで、recommend は具体的な行動を、propose はアイデアや新たな企画を提案するといったニュアンスです。

なお、suggest は自分の考えをベースに相手の意見を尊重しながら、それとなく示して気付かせるというニュアンスです。

___ マイクは病気のようです。 医者が彼に禁煙を勧めました。
___ ダイアナは健康促進週間の設定を提案しました。
___ 彼が禁煙するために何を提案しますか?

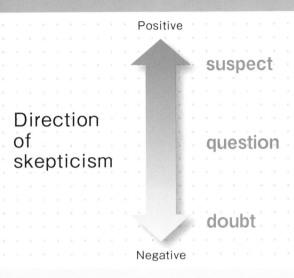

Positive

suspect

Direction
of
skepticism

question

doubt

Negative

I **suspect** that he
stole the bicycle.
彼がその自転車を
盗んだに違いない。

I **doubt** that he stole
the bicycle.
彼がその自転車を
盗んだとは思いません。

使用例文

☐ I **question** if he stole the bicycle.

Key words

doubt, question, suspect

肯定的

（～したのではないか）**と疑う**

疑念の
方向性

（出来事や能力などに）**疑問を抱く**

（～したということ）**を疑う**

否定的

Point：

suspect は「疑う」という意味ですが、I suspect that he stole
the bicycle. といった具合に that 以下のことを肯定的に考え疑
念を提示します。suspect を think に変えても意味は大きくは
変わりません。一方、doubt は「疑わしい」というニュアンスで I
doubt that he stole the bicycle. と言うと、that 以下のことを
否定します。即ち、doubt を do not think に読み替えれば意味
がはっきりします。question は単に疑問を抱くという意味で、I
question if he stole the bicycle. という具合に用いられ、「私
は彼が自転車を盗んだかどうか疑問を持っています」という意味
になります。

___｜　私は彼がその自転車を盗んだかどうか疑問を持っています。

06 注意を促す表現

Expressions that call for "attention"

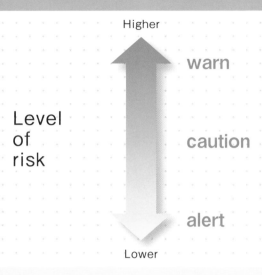

Higher

warn

Level of risk

caution

alert

Lower

WARNING
警告

落氷雪に注意

VIRUS ALERT
ウィルスに注意

使用例文

- We warn you not to buy products from unauthorized dealers.
- Watch out, there is a caution sign for falling ice and snow.
- A virus alert message has been sent to us; we should be careful not to open unidentified files.

alert, caution, warn

高い

警告する

危険度

注意を喚起する

注意を促す

低い

Point：

街の立て看板や警備が厳重な建物などで、「やってはいけないこと」や「絶対従わなければならないこと」は warn（ing）で、従わない場合には罰則が生じる可能性があるなどのニュアンスです。一方、「注意を喚起すること」は caution で、個人的に注意をしていれば大事に至らないといったニュアンスです。そしてただ単に、危険に対して注意を促すレベルの危険に対しては alert で表現します。

☐ 認可されていないディーラーから商品を購入しないよう警告します。

☐ 気をつけて、「落氷雪に注意」の看板があるよ。

☐ 「ウイルスに注意」のメッセージが送信されてきました。 発信元不明のファイルを開かないように注意しましょう。

07 「口論」を意味する表現

Expressions for "argument"

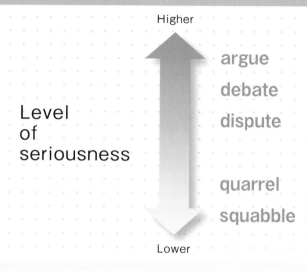

Higher

Level
of
seriousness

argue
debate
dispute

quarrel
squabble

Lower

Debate in progress
ディベート中

使用例文

- [ ] At the end of the discussion, they began to argue about the theory.
- [ ] Let us debate if our company should participate in the project.
- [ ] Recently we have less and less labor disputes in Japan.
- [ ] I used to quarrel with my brother when we were children.
- [ ] I seldom squabble with my wife these days.

Key words

argue, debate, dispute, quarrel, squabble

高い

論争する

討論する

口論

真剣度

口喧嘩、いさかい

(些細な)口喧嘩

低い

Point：

「口論」などの対立する意見間のやり取りを表す動詞に argue、debate などがあります。argue は日本語で「論じる」、その名詞形 argument は「議論」と訳されることがあります。そのため、それぞれニュートラルな立場からの議論を意味する discuss や discussion と混同されがちですが、一方的な見地からの主張のみ行う点に違いがあります。また、debate は公な場面での討論といったニュアンスがあります。dispute は labor dispute（労働争議）、international dispute（国家間紛争）といった具合に組織間の争い、quarrel、squabble は仲間や家族内での日々の「口喧嘩」といったニュアンスになります。

__| 討議の終わりに、彼らはその理論について論争し始めました。
__| 当社がプロジェクトに参加すべきかどうかを討論しましょう。
__| 最近、日本では労働争議が少なくなっています。
__| 私は子供の頃、兄弟とけんかをしたものです。
__| 私は最近、妻と口喧嘩をすることはめったにありません。

08 「注意を払う」を意味する表現

Expressions for "pay attention"

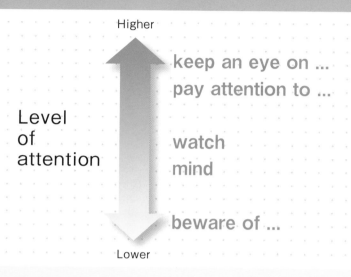

Higher

Level
of
attention

keep an eye on ...
pay attention to ...

watch
mind

beware of ...

Lower

車両とホームの隙間に気を付けて

使用例文

- [ ] On the train platform, please keep an eye on your children.
- [ ] Please pay attention to the signs.
- [ ] Watch/mind the gap between train and platform.
- [ ] Beware of pickpockets on the train.

Key words

beware of, keep an eye on, mind, pay attention to, watch

高い

…から目を離さないように注意する

…に注意を払う

注意度

注意してみる

気にかける

…に用心する

低い

Point：

keep an eye on ... や pay attention to ... は注目するという意味で、「注意を払い、目を離さないでしっかり見る」というニュアンスです。一方、watch（米）や mind（英）は気を付けるという意味で、「体の周りにあるものに対し、危ないので注意する」というニュアンスです。beware of ... も危険なことに対して注意するという意味ですが、動物や災難などに注意することを表現するのに用いられます。

☐ 電車のプラットフォームでは、子供たちから目を離さないようにご注意ください。
☐ 標識に注意してください。
☐ 列車とプラットフォームの隙間に気を付けてください。
☐ 電車内ではスリにご注意ください。

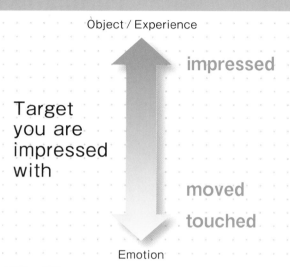

Object / Experience

impressed

Target
you are
impressed
with

moved

touched

Emotion

We were touched by the letter
of appreciation for parents.

両親への感謝状に感銘を受けました。

> 使用例文

- We were impressed by the size of the wedding cake.
- Many speeches at the wedding moved me.

Key words

impressed, moved, touched

モノ / コト

感動した / 印象付けられた

感動の
対象

感動した / 心が動かされた

感銘を受けた / 心を打たれた

感情

Point：

素晴らしい芸術品や最新商品などのモノや優れたパフォーマンスや体験などのコトのすばらしさに圧倒され感動した場合は impressed を用います。泣いてしまうような感動ではなく、Wow と思わず言いたくなるような感動です。

一方、映画や本などのストーリーに心が動かされ、泣いてしまうほどだったという場合は、文字通り moved を用います。

なお、人が自分たちに対して行ってくれたことが自分の心に触れ、感銘を受けたということを表すのには touched が使われます。子供の結婚式での親に対する感謝状の朗読などに親が感動する場合などがこのケースに当たります。

| ウエディングケーキの大きさが印象的でした。
| 結婚式での多くのスピーチに感動しました。

10 正確度を表す表現

Representation of "accuracy"

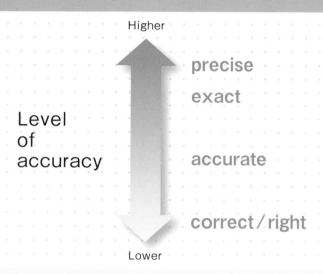

Level of accuracy

Higher

precise
exact

accurate

correct / right

Lower

Precisely!
なんて正確なんでしょう。

- We do not know the exact number of the participants; but probably 100 people or more came to the event.
- Believe me, the information is accurate.
- Please check if your address is correct in the application.
- Which do you think is the right answer, A or B?

Key words

accurate, correct, exact, precise, right

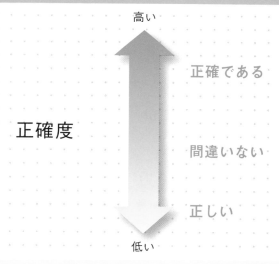

正確度

高い

正確である

間違いない

正しい

低い

Point：

exact、correct や right は日常の会話で正しいということを伝えるために用いられます。これらの中では exact がより正確である印象を受けます。precise は precision instrument が精密機器を表すことからわかるように機械などの動作の精度を説明するときに用いられます。また、日常会話で正確度を強調したいときにも precise は用いられます。なお、accurate は情報等の正確さを表すのに用いられます。

⌐ 参加者の正確な数はわかりませんが、おそらく 100 人以上の人がイベントに来ました。

⌐ 私を信じて、その情報は正確です。

⌐ 申請書のあなたの住所が正しいかどうかを確認してください。

⌐ A と B のどちらが正しい答えだと思いますか?

11 重要であることを意味する表現

Expressions that show "importance"

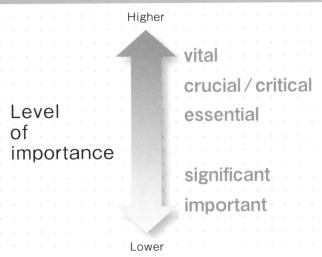

Higher

vital

crucial / critical

essential

Level
of
importance

significant

important

Lower

Participation of Doctor X in the
surgery is vital to save his life.

彼の命を救うには、ドクター X の手術への
参加が必要不可欠だ。

The patient is in a
critical condition.

その患者は極めて危険な状態
にあります。

使用例文

⎵ It is crucial to make a decision now.
⎵ To know customer needs is an essential part of the business.
⎵ We obtained significant data during the interview for the new
product.
⎵ It is important to sleep eight hours a day.

Key words

**critical, crucial, essential, important,
significant, vital**

高い

重要度

極めて重要な / 必要不可欠な

極めて重要な / 重大な

必須の

注目に値し / 意味を持つ

大切な

低い

Chapter 1　混同しやすい単語のニュアンスの違いを身につける

Point：

重要さを表すために頻繁に使われる important や significant は単純に重要であるとか、注目に値するということを意味します。一方、vital、crucial や essential は対象としている行為やものがなければ、問題が発生するというニュアンスであり重要度が上がります。なお、vital は生死にかかわるほど極めて重要ということです。crucial も critical も「極めて重要、重大」であることを意味しますが、前者はゴールを達成するための重要な行為やものが対象であり、後者はビジネスやサイエンス領域の条件や状況を説明するのに用いられます。

___

◻ 今すぐ決定することが極めて重要です。
◻ 顧客のニーズを知ることは、ビジネスの重要な部分です。
◻ 新製品に関するインタビュー中に重要なデータを取得しました。
◻ 1 日 8 時間寝ることが大切です。

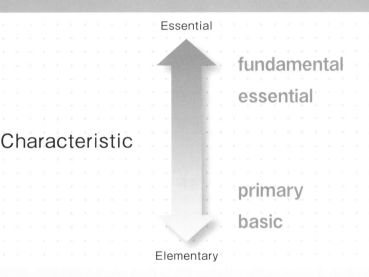

Essential

fundamental

essential

Characteristic

primary

basic

Elementary

Newton's law of gravitation is a fundamental theory; however, it is a bit hard to understand completely in a basic science lesson.

ニュートンの万有引力の法則は根底をなす理論です。しかし、基礎科学の授業で完全に理解することは少し難しいです。

使用例文

☐ To understand Newton's law is essential for aerospace engineers.

☐ The primary stage of business skill development should take place at a university.

Key words

basic, essential, fundamental, primary

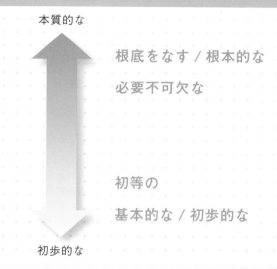

本質的な

根底をなす / 根本的な

必要不可欠な

特徴

初等の

基本的な / 初歩的な

初歩的な

Point：

basic も fundamental も「基本的な」と訳されますが、basic は「基本で」「初歩的な」というニュアンスがあり、誰もが持つ、あるいはすべての構造、活動や原則の基礎となるという意味です。これに近い単語に primary があります。primary school は小学校（英）のことです。

一方、fundamental は「根底をなす」という意味で、必要不可欠で、重要である根の部分というニュアンスです。例えば、物理現象を考えてみましょう。ニュートンの万有引力の法則は各種の物理現象の説明の根幹をなすものです。必ずしも初歩的ではありませんが、これをしっかり理解しておかないと、物理現象全体の理解がぐらつくことになります。近い単語に essential があります。

⎤ ニュートンの法則を理解することは、航空宇宙技術者にとって不可欠です。

⎤ ビジネススキル開発の第一段階は大学で行われるべきです。

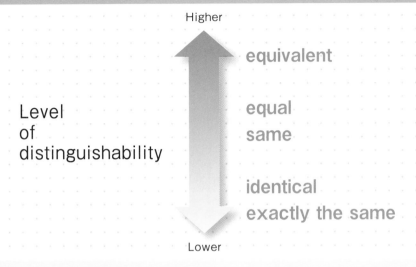

Higher

Level
of
distinguishability

equivalent

equal
same

identical
exactly the same

Lower

They are in the same position,
but they do not receive
equal pay.

彼らは同じポジションについていますが、
給与は異なります。

使用例文

- In this team they have been given the identical PC.
- The theory written in this article is exactly the same as what
  we have discovered through this research.
- The stone is equivalent to 10 gold coins.

Key words

equal, equivalent, exactly, identical, same

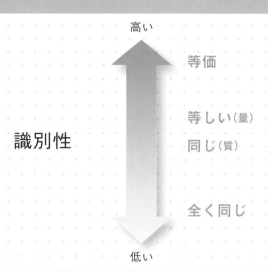

高い

等価

等しい(量)
同じ(質)

識別性

全く同じ

低い

Point：

identical は全く同じ（exactly the same）という意味で、厳密に
細部にわたるまで同じであることを意味します。数学や科学の領
域でよく用いられます。

same は人、物、種類や性質などが同じであることですが、
equal は大きさや量が同じであることを意味します。They are
in the same position, but they do not receive equal pay. と
言えますが、They are in the equal position, but they do not
receive same pay. とは言えません。

なお、equivalent は equal value ととらえることができ、価
値や効果が同じである、即ち等価であることを意味します。例え
ば、The stone is equivalent to 10 gold coins. などと言えます。
必ずしも見た目が同じ必要はありません。

☐ このチームでは、全く同じ PC が与えられています。

☐ この論文に書かれてある理論は、我々がこの研究を通じて発見したものとまっ
たく同じです。

☐ その石は 10 枚の金貨に相当します。

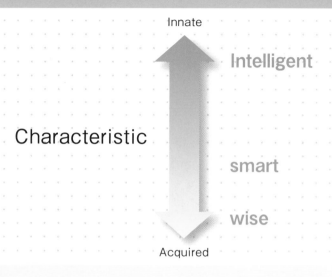

Innate

Intelligent

Characteristic

smart

wise

Acquired

He is wise and knows how to maintain a smart business with intelligent people.

彼は賢く、知的な人々と要領よくビジネスを
きりもりするすべを知っています。

使用例文

The new student is smart and quick to learn how to use the new computer system.

先天的

知性がある / 知的な

特徴

頭の回転が速い / 要領の良い

思慮深い / 分別のある

後天的

Point：

intelligent は生まれつき知能が高く、理解力や記憶力に優れていることを示します。IQ は intelligence（知能）を測定する quotient（指数）のことです。それと対極的に、wise は生まれつきの賢さではなく、経験や知識をもとに賢明な判断を下せる「賢さ」です。

なお、smart は、【米】では頭の回転が速いとか、要領がよいといった「賢さ」を意味します（但し、「生意気な」という意味で用いられることもあります。なお、【英】では洗練されたという意味になります）。大学等での勉学を通じて smart になる人を book smart、実践から学んで smart になる人を street smart と呼びますが、共に smart になるためには努力が必要なことを意味しています。smartphone もアプリを追加していくことで、色々な賢い作業ができるようになります。

⎵ その新入生は賢く、新しいコンピューターシステムの使用方法をすばやく習得します。

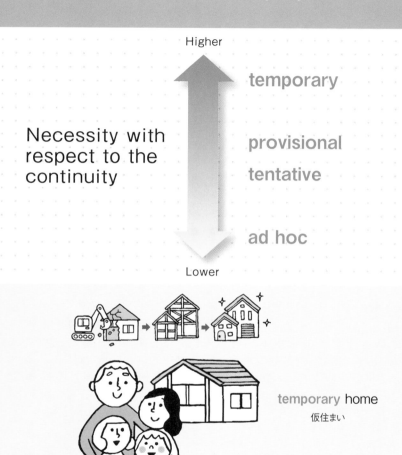

Higher

temporary

Necessity with respect to the continuity

provisional

tentative

ad hoc

Lower

temporary home
仮住まい

使用例文

☐ We need a provisional budget before the formal one is agreed upon in the next management meeting.

☐ Before we set a permanent plan, let us set up a tentative plan first.

☐ We are corresponding to the dynamic changes of the market on an ad hoc basis.

Key words

ad hoc, provisional, temporary, tentative

高い

一時的な / 臨時の

仮の / 暫定的な

試験的な

継続の
観点からの
必要性

場当たり的な / 特別な

低い

Point：

「一時的な」といっても、過去から将来へ渡っての継続のために
どうしても必要なケースから、思い付きで場当たり的に設定す
るケースまで多様です。自宅を建て替えている間の仮住まいは
temporary home であり、継続の観点からどうしても必要で
す。将来にむけて、正式な決定ではないが暫定的なという場合は
provisional budget（暫定予算）や provisional agreement（仮協
定）といった具合に provisional が用いられます。また、とりあ
えず試験的という意味合いでは、tentative plan（仮計画）のよう
に tentative が用いられます。将来に渡って継続する予定はなく、
場当たり的に作る委員会などは ad hoc committee です。

- [ ] 次の経営会議で正式な予算が合意される前に、暫定的な予算が必要です。
- [ ] 恒久的計画を確立する前に、早めに暫定的な計画を立てましょう。
- [ ] 我々は市場の動的な変化に場当たり的に対応しています。

16 値段が安いことを意味する表現

Expressions for "the price is low"

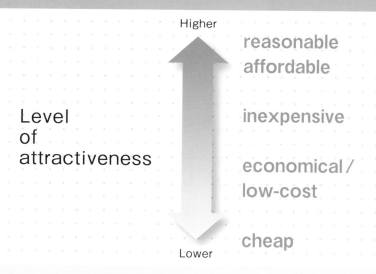

Level of attractiveness

Higher

reasonable
affordable

inexpensive

economical /
low-cost

cheap

Lower

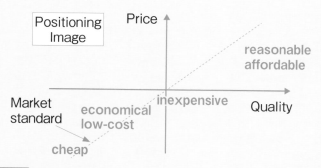

Positioning Image

Price

reasonable
affordable

Market standard

economical
low-cost

inexpensive

Quality

cheap

使用例文

☐ The maker has introduced an advanced model at a reasonable price.
☐ I will wait until the price becomes more affordable.
☐ There are many inexpensive Japanese restaurants in Mexico city.
☐ Let us look for a more economical way to get to Tokyo.
☐ There are more choices for low-cost carriers.
☐ Cheap materials in the product may be the reason for the malfunction.

Key words

affordable, cheap, economical, inexpensive, low-cost, reasonable

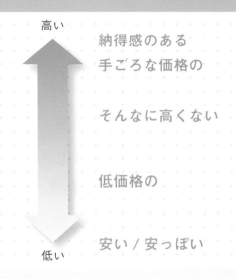

高い

納得感のある

手ごろな価格の

そんなに高くない

魅力度

低価格の

安い / 安っぽい

低い

Point：

値段が安いということを表すにはいろいろな表現があり、それぞれニュアンスが大きく異なるため注意する必要があります。reasonable と affordable は自分の欲しいものの品質レベルがまずあって、その製品の値段をどう評価するかです。inexpensive はニュートラルな表現で、economical と low-cost は品質レベルに対する意識は薄れます。そして、cheap になると確かに 価格はかなり低いが、品質も見るからに悪そうと、魅力度がかなり下がります。

☐ そのメーカーは、先進モデルを手頃な価格で導入しました。

☐ 価格がもっと手頃になるまで待ちます。

☐ メキシコシティにはそんなに高くない日本食レストランが多くあります。

☐ 東京に行くのに、より低価格な方法を探しましょう。

☐ 格安航空会社の選択肢が増えています。

☐ その製品に使われている安価な材料が故障の原因である可能性があります。

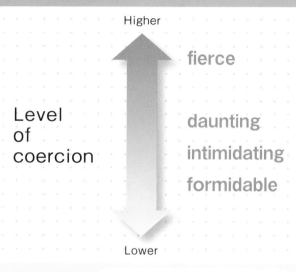

Higher

fierce

Level
of
coercion

daunting

intimidating

formidable

Lower

He is a **formidable** opponent.

彼は手ごわい相手だ。

使用例文

☐ In the final sumo match, the wrestlers showed a **fierce** look at each other.

☐ It is a **daunting** task for a young mother to raise several children in the current environment.

☐ Although he has an **intimidating** look, he is a very kind person.

daunting, fierce, formidable, intimidating

高い

威圧度

低い

獰猛な

威圧的で / 気力をくじく

(人を)怖がらせるような

手ごわい

Point：

「手ごわい」を表現するのに一般に formidable が使われます。自分より強そうな敵や手に負えそうにない仕事などを表します。それより更に威圧度が高く(人を)怖がらせるようなレベルの時は intimidating を、また気をくじくような威圧的な場合は daunting を用います。fierce を用いれば、ずばり「獰猛な」という意味になります。

☐ 相撲の最終取組では、力士たちはお互いに激しい表情を見せました。
☐ 若い母親にとって、現在の環境で複数の子供を育てるのは大変な作業です。
☐ 彼は威圧的な表情をしていますが、とても親切な人です。

18 頻度を示す表現

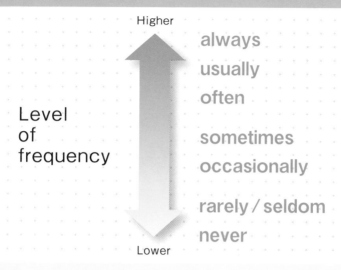

Higher

Level
of
frequency

always
usually
often

sometimes
occasionally

rarely / seldom
never

Lower

I never fail to
have breakfast.
私は朝食を必ず食べます。

使用例文

- [ ] I always eat rice for breakfast.
- [ ] I usually drink coffee after breakfast.
- [ ] I often eat noodles for lunch.
- [ ] I sometimes have lunch at my desk.
- [ ] I occasionally have lunch at home.
- [ ] I rarely eat bread for dinner.
- [ ] I seldom skip dinner.

Key words

always, never, occasionally, often, rarely, seldom, sometimes, usually

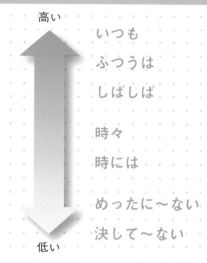

高い

いつも

ふつうは

しばしば

頻度

時々

時には

めったに～ない

決して～ない

低い

Chapter 1

混同しやすい単語のニュアンスの違いを身につける

Point：

事実情報を伝える際、その頻度を大まかに伝えるのに便利なのが副詞です。「いつも」を表す always から「決して～ない」を表す never まで、その頻度に応じて適切な副詞が使われます。もちろん正確さを期すときは週に2回（twice a week）とか、月に一度（once a month）などの副詞句を使います。

☐ 私はいつも朝食にご飯を食べます。

☐ 私は通常、朝食後にコーヒーを飲みます。

☐ 私はよく昼食に麺類を食べます。

☐ 私は時々私の机で昼食をとります。

☐ 私は時には家で昼食をとります。

☐ 夕食にパンを食べることはめったにありません。

☐ 私はほとんど夕食をスキップしません。

19 推量の確度を示す表現

Expressions that indicate "guess accuracy"

Higher

↑

Level
of
possibility

definitely

certainly / surely

most likely / probably

likely / maybe

perhaps

possibly

Lower

Is it going to snow this weekend?

今週末は雪が降るかな。

Perhaps, but it is most likely to rain.

ひょっとするとね、
だけど、おそらく雨ね。

使用例文

☐ A: Could you finish the task today?
B: Oh definitely, I know that it is crucial.

☐ A: Will you come to my office at 3 o'clock?
B: Oh, certainly.

☐ A: Will you join us for the dinner?
B: Probably, but, let me check my calendar first.

☐ It is likely to rain tomorrow according to the weather forecast.

☐ He has not arrived yet. Maybe he is caught in a traffic jam.

☐ A: Will you come to the party tonight?
B: Possibly, if I can finish my tasks.

Key words

certainly, definitely, likely, maybe, most likely, perhaps, possibly, probably, surely

高い

可能性

絶対に

かなりの確率で

たぶん / おそらく

たぶん / おそらく

たぶん / おそらく

ひょっとすると / まぁどうかな

低い

Point：

自分がある出来事を推測して、その可能性を大まかに伝えるのに副詞が使われます。definite は確実という意味なので、definitely はその可能性（あるいは、意志）は高く、certainly も用いられます（米では surely も）。probably, maybe や perhaps は日本語に訳すとすべて「たぶん」「おそらく」といった言葉になり、その違いのニュアンスが伝わりにくいですね。実際には、それらの可能性の度合いは違ってきます。ある男性が女性をデートに誘ったところ、perhaps later と返事をもらい、残念がっていました。やんわりと断られたようです。また、(most) likely や maybe は意志よりも自分ではコントロールできないことの推量のために使われることが多いようです。

◻ A：今日その仕事を終えられますか?
　　B：ええ、間違いなく、それが重要であることは知っています。
◻ A：3時に私のオフィスに来られませんか?
　　B：ええ、承知しました。
◻ A：夕食に来ませんか?
　　B：おそらく大丈夫ですが、まず予定をチェックさせてください。
◻ 天気予報によると、明日は雨が降りそうです。
◻ 彼はまだ到着していません。　たぶん交通渋滞に巻き込まれているのでしょう。
◻ A：今夜パーティーに来ますか?
　　B：もし、仕事を終えられれば、いくかも。

20 緊急度を示す表現

Expressions indicating "the degree of urgency"

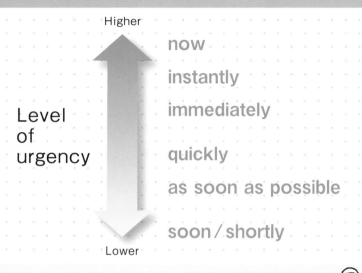

Higher

Level of urgency

now

instantly

immediately

quickly

as soon as possible

soon / shortly

Lower

Boarding will start shortly.
間もなく、搭乗が始まります。

The flight has been delayed. We will let you know the status as soon as possible.
フライトに遅れが発生しています、できるだけ早く状況をお知らせいたします。

Mr. Sasaki, please come to the gate immediately. The gate is closing soon.
佐々木さま、至急搭乗口までおいでください。最終案内です。

使用例文

☐ The president is upset. Go to his office now to explain the situation.

☐ I recognized you instantly even though we have not seen each other for twenty years.

☐ Recently I feel that the years go by so quickly!

Key words

as soon as possible, immediately, instantly, quickly, shortly, soon

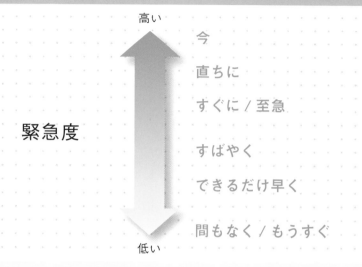

緊急度

高い

今

直ちに

すぐに / 至急

すばやく

できるだけ早く

間もなく / もうすぐ

低い

Point：

何かを相手にお願いするとき、その緊急度を伝えるのに色々な表現があります。このメッセージを取り違えますと、アクションが依頼主の思いより早ければよいのですが、遅いと関係がギクシャクしかねません。「今すぐに」といったイメージの now、instantly、immediately それよりトーンを落として「早くしてね」といった意味合いの quickly、as soon as possible そして「間もなく」といったニュアンスで shortly、soon が使われます。なお、手紙などでは as soon as possible の書き換えで、at your earliest convenience が使われます。

___ 社長が怒っています。今すぐ彼のオフィスに行き、状況を説明してください。

___ 私たちは 20 年間あっていませんでしたが、すぐにあなただとわかりました。

___ 最近、私は一年がとても早く過ぎると感じています!

21 「目標」を意味する表現

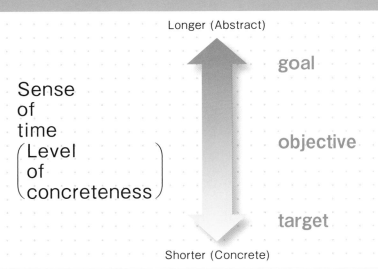

Longer (Abstract)

goal

Sense
of
time
(Level
of
concreteness)

objective

target

Shorter (Concrete)

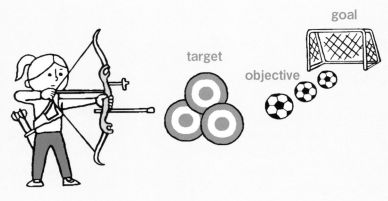

goal

target

objective

使用例文

☐ Department manager: The president has set a company goal as "To become the closest brand to customers". Let us discuss our department objective together to achieve this goal, and agree on staff targets for this fiscal year.

goal, objective, target

長期（抽象的）

最終 / 長期 目標

時間感覚
（具体性）

短期 / 中期目標

短期目標

短期（具体的）

Point：

会社生活で出てくる制度に勤務評定があります。期首に上司と話しその期の目標を設定します。私の上司は今期の objective を話そうと持ち掛けてきたものです。その中にはプロジェクトなどのいくつかの項目があり、それぞれ具体的な target が設定されています。このターゲットはその期中に達成すべき具体的な内容です。これらを順々に達成していくことで、例えば「お客様に最も近いブランド」といった company goal を達成していきます。なお、goal は短期的な目標設定の場合にも short-term goal などと使われることもあります。

部長：社長は「お客様に一番近いブランドになる」という企業目標を掲げました。この目標を達成するための部門目標について一緒に討議し、その後今年度のスタッフ目標について合意しましょう。

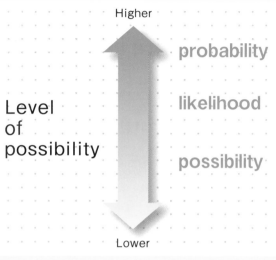

Higher

Level
of
possibility

probability

likelihood

possibility

Lower

There is a possibility to win the lottery,
but the probability is very low.

宝くじに当たる可能性はありますが、
その確率は非常に低いです。

使用例文

☐ Judging from the information so far, the likelihood of his
winning the election is very low.

likelihood, possibility, probability

高い

公算 / 確率

可能性 / ありそうなこと

可能性

可能性

低い

Point：

probability は probably の、possibility は possibly の名詞形です。テーマ 19 で述べたように、probably の方が possibly より可能性が高いため、probability の方が possibility よりも可能性は高く、ありえそうなことという意味での「可能性」になります。「公算」とか「見込み」と訳され、その度合いとして「確率」を意味するためにも用いられる「量」の概念です。一方、possibility はその出来事などが起きる可能性が有るか無いかを示すために用いられます。例えば、宝くじに当たる可能性は誰にでもあるので、There is a possibility to win the lottery, but the probability is very low. といった表現が可能となります。likelihood も probability と同様に用いられますが、推量に基づく予測であるケースが多いようです。

_| これまでの情報から判断すると、彼が選挙で勝つ可能性は非常に低い。

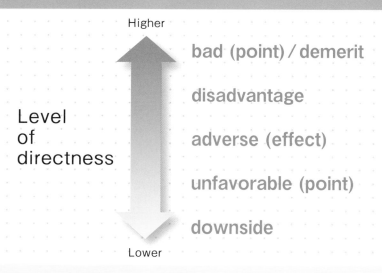

Higher

bad (point) / demerit

disadvantage

Level
of
directness

adverse (effect)

unfavorable (point)

downside

Lower

We understand the importance of a
continuous power supply from
nuclear power plants; but, the
downside is waste disposal
and potential accidents.

原子力発電所からの連続的な電力供給の重要さは
理解できるが、それらのネガティブな側面は
廃棄物処理と事故の可能性だ。

使用例文

☐ One of the bad points of an ICT society is the decrease of
face-to-face communication.

☐ The demerit of the new system is the lack of flexibility.

☐ Despite its disadvantage of location, many customers visit the shop.

☐ They are investigating the adverse effect of the new medicine
on the human body.

☐ We have canceled hiking due to unfavorable weather conditions.

Key words

adverse, bad, demerit, disadvantage, down side, unfavorable

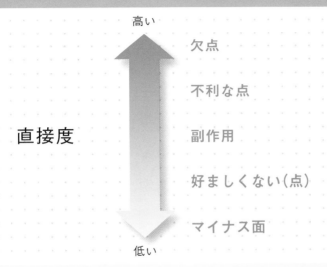

高い

欠点

不利な点

直接度　副作用

好ましくない（点）

マイナス面

低い

Point：

物事のネガティブな側面（bad point）を表すのに、demerit や disadvantage などがもちいられますが、de- や dis- の否定を表す接頭辞から始まるため直接的です。薬の副作用といった意味でつかわれる adverse effect も逆効果といった意味合で使われます。unfavorable や downside はデメリットの直接的表現を避け、柔らかく伝えます。

▢ ICT 社会の欠点の 1 つは、面と向かってのコミュニケーションが少なくなることです。

▢ 新しいシステムのデメリットは、柔軟性の欠如です。

▢ 立地場所の悪条件にもかかわらず、多くの顧客が店を訪れます。

▢ 彼らは新薬の人体への悪影響を調査しています。

▢ 悪天候のため、ハイキングをキャンセルしました。

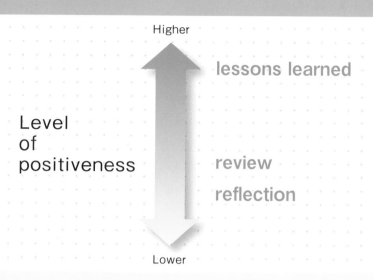

Level of positiveness

Higher

lessons learned

review

reflection

Lower

【Reflection meeting】

review

lessons learned

使用例文

☐ During the reflection meeting of the past projects, a thorough review was conducted with some lessons learned as deliverables for future projects.

Key words

lessons learned, reflection, review

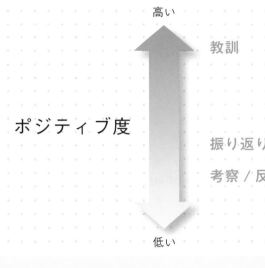

高い

教訓

ポジティブ度

振り返り

考察 / 反省

低い

Point：

lessons learned（英：learnt）は将来のプロジェクトや活動に対してポジティブなインパクトが生まれるように、過去の成功や失敗の経験から抜き出された有益な知識や知見のことです。一方、reflection や review は主に過去の失敗などに対しての考察や反省のことです。これらを将来の活動へつながるように feedback して有益なポイントとしてまとめたものが lessons learned であるといえます。

　過去のプロジェクトの反省会では、徹底的なレビューが行われ、将来のプロジェクトのため、いくつかの教訓が成果物としてまとめられました。

25 要求を拒む表現

Expressions that "refuse a request"

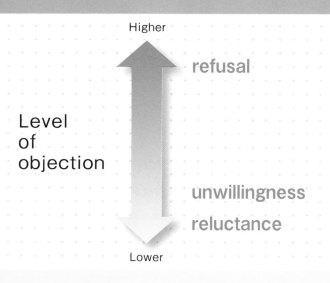

Higher

refusal

Level
of
objection

unwillingness

reluctance

Lower

reluctance
気が進まない

refusal
拒絶

☐ During the business negotiation, our client showed us their reluctance to accept our offer. Before we figure out the reason for their unwillingness, they responded with a definite refusal.

高い

拒絶すること

反対の
レベル

不本意であること

気が進まないこと

低い

Point：

「反対」を意味する表現は多くあります。ここに紹介した例は、外部からの要求などに基づき行動を起こすことを「拒む」表現です。このほか「反対」を意味する表現として「提案」や「申請」を受け入れないで「断る」ことである refusal（<refuse）、反対の意を唱えることである objection（<object）、与党に対する野党を意味する opposition party のように、二極で相対する人や団体を意味する opposition（<oppose）などがあります。

___| 商談中に、クライアントは当方の申し出を受け入れるのをしぶるようでした。不本意である理由を理解する前に、彼らは明確に断ってきました。

Chapter 2

効果的な
会話表現
を身につける

Positive

absolutely / exactly / correct / that's right

Response

not really / not exactly / not necessarily

incorrect / that's wrong

Negative

I believe that
we should return
to the basics.

基本に立ち返らないと
いけないと思うのだけど。

That's right   Absolutely

Exactly

Correct

使用例文

- A: You're a genius!   B: Not really.
- A: You two look alike. Are you brothers?
  B: Not exactly. We are cousins.
- A: Inexpensive products sell easily, right?
  B: Not necessarily. There are some exceptions.
- A: Younger people should be given priority.
  B: Incorrect. I have a different view.
- A: We should increase the share.
  B: That's wrong. We should increase the profit.

Key words

absolutely, correct, exactly, incorrect, necessarily, really, wrong

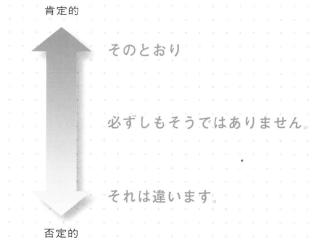

肯定的

そのとおり

反応

必ずしもそうではありません。

それは違います。

否定的

Point：

話している相手からの情報や意見に対して、とっさに回答すべき場面がよくあります。そんな時は、相手の話を肯定するのか否定するのか、あるいは「そんなでもない」といったニュアンスの簡単な言葉を返すことで会話はつながっていきます。肯定の absolutely などは相手に賛成しているため、それらの言葉のみで会話は繋がっていきますが、否定の要素が入ってくると because ... と理由を付けないと会話が難しくなります。なお、相手に褒められた時に not really などと暗に否定するのは謙遜さを示していると受け取られますので、それのみでも会話は繋がっていきます。

- A：なんて天才だ！　B：そうでもないですよ。
- A：お二人は似ていらっしゃいますね。兄弟ですか？
  B：少し違います。私たちはいとこです。
- A：安価な製品は簡単に売れますよね？
  B：必ずしもそうではありません。いくつか例外があります。
- A：若い人が優先されるべきです。
  B：それは間違っています。私は別の見方をしています。
- A：シェアを増やす必要があります。
  B：それは間違っています。利益を増やすべきです。

相手の発言内容を
聞き返す際の表現

Expressions for "asking the other
person to repeat themselves"

Formal

I beg your pardon?

Can you say that again?

Level
of
formality

Excuse me?

Pardon?

Sorry?

Casual

Can you say that again?
もう一度言っていただけませんか。

I beg your pardon?
何とおっしゃいましたか。

Excuse me?
すみません、何ですか。

Pardon?
え、何ですか。

Sorry?
え、何ですか。

Key words

beg, excuse, pardon, sorry

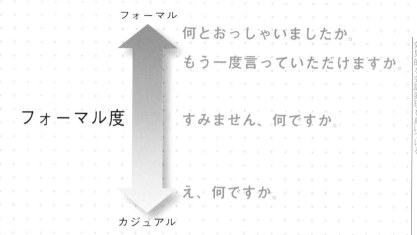

フォーマル

フォーマル度

何とおっしゃいましたか。

もう一度言っていただけますか。

すみません、何ですか。

え、何ですか。

カジュアル

Point：

sorry は自分の過失を認めることになるので事故などの責任の所
在が問われる場面などでは不用意に使わないようにと言われます。
しかし、カジュアルな場で相手の発言が聞き取れず、もう一度
言ってほしいなどの時には、語尾を上げるイントネーションに気
を付けて、sorry? と言います。なお、I beg your pardon? など、
必要以上に丁寧な表現を使った場合、本当に聞き取れなかった場
合だけではなく、実は聞き取れているが自分の意見とは違うため、
嫌悪感を示したり、発言の趣旨を確かめる目的で使われることも
あるので注意が必要です。

Higher

Level
of
politeness

Yes, but we may be wrong.

That might be a misunderstanding.

You've got it wrong.

You are wrong.

Lower

To get to Station C from Station A, you need to change trains at Station B.

A駅からC駅へ行くにはB駅で乗り換えないといけないよね。

Yes, but we may be wrong.

そうだね、でも間違っているかもしれないよ。

Key words

understanding, wrong

高い

そうですね、でも間違いかもしれませんね。

その認識は間違っています。

あなたの認識は間違っています。

あなたは間違っている。

低い

Point：

会話途中で例えば相手が、「A駅からC駅に行くには、B駅で乗り換えないといけない」と主張した場合、A駅からC駅への直通電車があることを聞いていたあなたは何と答えればよいでしょうか。You are wrong のように you を主体にすると相手の人格を否定しているように取られかねません。そんな時は無生物主語を主体にしてその理解が間違いとか、一旦は yes で肯定し we may be wrong と一人称を主体とし、否定したりすることで丁寧さを出すことができます（テーマ00「丁寧さを醸し出す方法」のツリー図において 2-2-1「自分（達）を主体とする」に該当します。以下 ☞ 00-2-2-1 と記述）。

29 問題が起きた際の対応表現

Expressions "when a problem occurres"

Bigger

Level of problem

This is really a big problem.

This is a problem.
I have a problem.

These things happen.

Don't worry.

Not a problem.

Smaller

Are you alright?
どうしたの。

Don't worry.
It is not a problem.
心配しないで。問題ないよ。

使用例文

- [ ] A: Have you lost anything?　B: Yes, I left my umbrella in the train. Don't worry, these things happen.
- [ ] A: Have you lost anything?　B: I have a problem. I cannot go home. I left my car key in the hotel room.
- [ ] A: Have you lost anything?　B: I lost my car key and I have no spare one. This is really a big problem.

matter, problem, worry

大きい

本当に大きな問題で、困っています。

問題ですね、困りました。

問題レベル

よくあることです。

心配しないで。

問題ではありません。

小さい

Point：

何かを探している際に、周りの人から、どうしたの、何か問題が
あるの、と聞かれた場合。とっさに回答するときは、まず Don't
worry と言って、相手を安心させてあげることです。そして、何
かを探すことは、よくあることですとの意味を込めて、These
things happen. と答えれば、シリアスな問題ではないと相手が
思うでしょう。しかし、本当に問題であれば、really a problem
などと回答すれば、相談にのってくれるかもしれません。

☐ A：何かなくしましたか？　B：はい、電車の中に傘を置き忘れてきました。ご
　　心配なく。よくあることです。

☐ A：何かなくしましたか？　B：困りました。家へ帰れないんです。ホテルの部
　　屋に車の鍵を置き忘れてきました。

☐ A：何かなくしましたか？　B：車のカギをなくしたのですが、予備のカギを持っ
　　ていないんです。本当に大きな問題で困っています。

Formal

Notwithstanding the
foregoing, ...

Level
of
formality

Despite what has just
been said, ...

Having said that, ...

Casual

My father passed away
when he was 95 years
old, which is a long life.
Having said that, I still
miss him.

父は 95 才で亡くなり長寿だった。
そうは言ってもいなくて寂しいな。

使用例文

☐ Notwithstanding the foregoing, the following information is not
considered as personal information.

☐ Thanks to your cooperation, I believe that we have been
successful with the event. However, despite what has just
been said, I still see many points to be improved.

フォーマル

これまで話してきたことに
矛盾しますが…

フォーマル度

今言ったことに反しますが…

カジュアル

そうは言っても…でもある。

Point：

何かの話題で話を続けてきて、「確かにそうなのだけれども、…でもある」と言いたい場合、having said that, ... の言い回しを使うことで話を転換することができます。これまで述べてきたことと対極的、あるいは矛盾することを述べますよ、というシグナルです。

| | 上記にかかわらず、以下の情報は個人情報とはみなされません。 |
| | 皆様のおかげでイベントは成功したと思います。ただ、この様に申しましたが、まだ多くの改善しなくてはならない点があると考えています。 |

Formal

furthermore, ...
moreover, ...

Level
of
formality

on top of that, ...

Casual

Let's have lunch at the BBQ restaurant.

そのバーベキューレストランで
ランチにしないか。

No. They serve cheap and oily food.
Furthermore, occasionally half-done. **Moreover,** there is no parking space.

だめですよ。そこは安っぽく、油っぽい料理を
出しますから。さらに、時々生焼けですからね。
それに、駐車スペースがないですよ。

使用例文

☐ I have many daily tasks. Currently, on top of that, I am responsible for the education of new employees.

Key words

furthermore, moreover, top

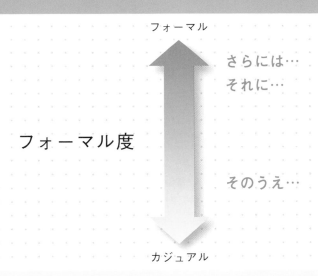

フォーマル

さらには…
それに…

フォーマル度

そのうえ…

カジュアル

Point：

文章の途中で、議論を深めるために、更に情報を付け加えるとき には、furthermore や moreover が用いられます。furthermore は further が示唆しているように同種の理由をさらに追加して議 論を深めていく際に用い、moreover は over から推察されるよ うに展開している議論の正当性をこれまでとは違った別の観点か らサポートする情報を追加する際に用います。なお、それらをカ ジュアルに表現したものが on top of that であり、インフォー マルな話し言葉で用いられます。

⌐ 日々多くの仕事があります。現在は、その上に新入社員の教育も担当してい ます。

32 感謝の意を 伝える表現

Formal

Level
of
formality

I am grateful for your ...
I appreciate your ...

Thank you very much
indeed for (your) ...

Thank you very much
for (your) ...

Thanks for (your) ...

Casual

Thank you very much
indeed (ironical).

本当にどうもありがとう
ございました（皮肉っぽく）。

使用例文

☐ I am grateful for your special arrangements for us to see the
president.
☐ I appreciate your inviting us to this ceremony.
☐ Thank you very much indeed for carrying such a heavy bag.
☐ Thank you very much for giving us a lift.
☐ Thanks for your help.

Key words

appreciate, grateful, indeed, thank

フォーマル

フォーマル度

…していただいて感謝いたします。

…してもらい本当にどうもありがとう。

…してもらいどうもありがとう。

…してくれてありがとう。

カジュアル

Point：

感謝の意を述べるときは、真っ先に thank you が頭に浮かびます。それを強調するには very much を付けますが、さらに強調するときは indeed を付けるケースが多いようです。これは文章を長くする効果もあります（☞ 00-1-1）。ただ、indeed をかなり強く発音すると、逆に皮肉に聞こえます。夕方、閉店しかけたお店で時間をかけ商品を選択、その後レジで代金を支払う際に言われたことがあります。なお、イギリス英語では、簡単に ta ですませることもあります。扉を開けた後、次の人のためにその扉を保持したときなどに聞くことがあります。

◯ 社長さんとの面会にあたっては、特別な配慮をいただき感謝しております。
◯ 本式典にご招待いただきありがとうございました。
◯ 本当に重い荷物を運んでいただき、どうもありがとうございました。
◯ 車で送っていただきありがとうございました。
◯ ご協力いただきありがとうございました。

33 「～することができる」を意味する表現

Expressions that mean "be able to"

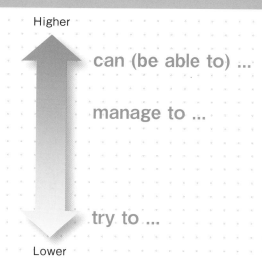

Higher

can (be able to) ...

Possibility of realization

manage to ...

try to ...

Lower

Do you manage?
どお、大丈夫。

Yes, thanks.
何とか、ありがとうございます。

使用例文

☐ A: Do you think you can finish this task today?
　 B: Yes, I think I can do it.
☐ A: Do you think you can finish this task today?
　 B: Probably. Let me try, but I cannot guarantee it.

Key words
manage, try

高い

…することができる

何とか…する

実現の
可能性

とりあえず…してみる

低い

Point：

何か作業をやってほしいができるかと質問されたときに、ある
程度自信があれば I can do it. と答えますが、「100% の自信
は無いが何とかできるでしょう」と言ったニュアンスの時は I
manage. と答えます。さらに、「自信は無いがとりあえずやって
みます」という場合は I will try. や Let me try. と言った回答に
なります。この manage という単語ですが、manager と結び付
け何か難しいことを行うような印象を受けますが、日常で頻繁
に用いられ、何か面倒な仕事を行っている人に対して Do you
manage? と声をかけるシーンをよく目にします。

☐ A：このタスクを本日終わらせることができると思いますか？
　　B：はい、できると思いますよ。
☐ A：このタスクを本日終わらせることができると思いますか？
　　B：おそらく、やってみますが保証はできませんよ。

Formal

Level
of
formality

Thank you very much
for your help. Please
call me anytime you
need anything.

I owe you one.

Casual

Thanks for your help.
I owe you one.
助けてくれてありがとう、一つ
借りができたね。

owe

フォーマル

フォーマル度

助けていただき、どうもあり
がとうございます。なにか必
要なときはいつでも言ってく
ださいね。

一つ借りができたね。

カジュアル

Point：

誰かが自分を助けてくれた時に、かるく「借りができたね」とい
うことを伝えるために、I owe you one. という表現を用います。
これは、丁寧に言うと「助けていただき、どうもありがとうござ
います。将来、この御恩を何らかの形でお返しできたらと思って
います」という意味になります。

相手を誘う
表現

Expressions to ask to "go for a drink"

Formal

Level
of
formality

I was wondering if we could possibly go out for a drink.

Perhaps, we could go out for a drink.

Maybe, we can go out for a drink.

Let's go out for a drink.

Casual

Perhaps, ...
もしよろしければ

Key words

drink, maybe, perhaps, wonder

フォーマル

もしよろしければ、ご一緒に飲みに行けないかなと思っていたのですが。

フォーマル度

よろしければ、飲みに行きませんか。

よかったら、一杯やりましょう。

一杯やりましょう。

カジュアル

Point：

相手をフォーマルに誘う場合は、I was wondering if ... などの柔らかな導入表現を入れ（☞ 00-3-1）、過去形を用い（☞ 00-2-1-1）かつ文章を長くすることで（☞ 00-1-1）丁寧さがかなり上がります。また、誘う文の導入部に確信度の低い副詞である perhaps を挿入することで、断られることも意識しながらの表現になるので丁寧さが上がります。一方で maybe は確度が少し上がりますので、誘う文としてはフォーマル度が下がります。

Higher

Level
of
politeness

That would be great,
but ...

I wish I could, but ...

I would like to, but ...

No, I can't …

Lower

That would be
great, but ...
それができればよいのですが…

could, would

高い

それができればよいのですが…

そうできればよいのですが…

丁寧さ

是非そうしたいのですが…

いいえ、できません…

低い

Point：

相手に対して不快を与えないように答えるには、やはり仮定的な
表現を用います（☞ 00-2-1-1）。本当はお誘いを受けたいのだけ
れども、残念ながら…というニュアンスを出します。誘った方も、
まず冒頭に would や could が入っていると、断るのだなと予測
がつきます。いきなり、No や can't といった表現を聞くよりは
ワンクッション入り、相手を気遣った表現と受けとられます。

Higher

Level
of
directness

Do you do discounts?

Could you give us a discount?

Is it a fixed price?

Could you give us a better price?

Lower

Do you do discounts?
値引きできますか。

Just a moment.
Let me check if it's possible.

少々お待ちください。
可能かどうか調べてみます。

Key words

discount, fixed, price

高い

値引きできますか。

値引きしてもらえますか。

直接度

定価ですか。

もう少し勉強してもらえませんか。

低い

Point：

値切ることはある意味、依頼ですから、常とう手段として長い表現を用いたり（☞ 00-1-1）、直接的に値引きを表す discount という名詞を用いず、better price と婉曲的な表現を用いることもできます（☞ 00-2-3-1）。また、相手を主体にしないで第三者的な表現として、定価なのかと聞くことで、暗に値引きを促す表現もよく用いられます（☞ 00-2-2-2）。

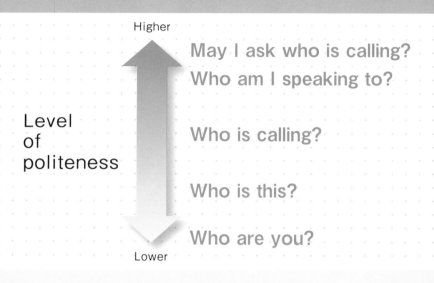

Higher

May I ask who is calling?

Who am I speaking to?

Level
of
politeness

Who is calling?

Who is this?

Who are you?

Lower

May I ask who is calling, please?
失礼ですが、どちら様でしょうか。

call, speak

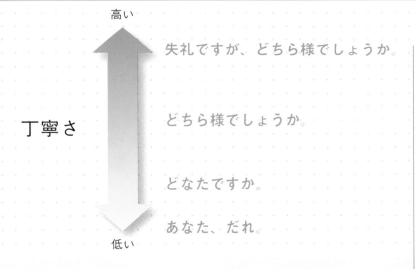

高い

失礼ですが、どちら様でしょうか。

丁寧さ

どちら様でしょうか。

どなたですか。

あなた、だれ。

低い

Point：

電話では相手が見えないので、通常は電話をかけた人が名乗りますが、名乗らなかった場合は、Who is calling? で聞き返します。丁寧な表現にしたければ、主体を自分（I）にして、Who am I speaking to? と聞きます（☞ 00-2-2-1）。さらには、センテンスを少し長くして、May I ask who is calling? で丁寧さが増します（☞ 00-1-1）。初対面の人を紹介する際、This is Dr. Nakano. といった具合に、人のことは this で表しますが、一般に電話でも同じように this を使います。Who are you? のように you を使うとかなり失礼に聞こえます。なお、最後に please を付けると印象が良くなります。

Higher

Level
of
politeness

Can we talk more later?

Can I call you back later?

I really have to go now surely ...

We have been talking for a long time.

Lower

Can we talk more later?
続きは後ほどにしませんか。

Key words

appointment, back, continue

高い

続きは、後ほどにしませんか。

後ほどおかけ直ししてもよろしいで
すか。

丁寧さ

どうしても行かないといけないので
すが…

長い時間、話してきました。

低い

Chapter 2 効果的な会話表現を身につける

Point：

丁寧な表現で会話を終わらせたければ、自分（I）や相手を含めた
我々（we）を主体にするとともに、「話は後ほど続けましょう」と
いう意味合いを込めて later を用いる表現にします。また、相手
の問題ではなく、自分に用事があることを前面に出して、約束が
あるのでという表現も効果的です。長く話してきたというのは直
接的で相手に不愉快な印象を与えるかもしれませんので避けたほ
うが無難です。

Chapter 3

空間上の位置を的確に
伝える表現を身につける

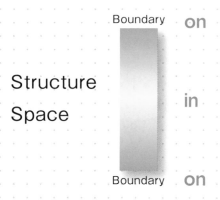

Structure

Space

Boundary　on

in

Boundary　on

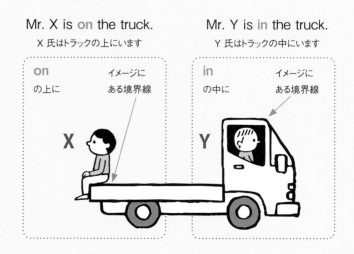

Mr. X is **on** the truck.
X 氏はトラックの上にいます

on
の上に

イメージに
ある境界線

X

Mr. Y is **in** the truck.
Y 氏はトラックの中にいます

in
の中に

イメージに
ある境界線

Y

境界線

（境界線）の上に

構造物
空間

（境界線）の中（内側）に

境界線

（境界線）の下に

Point：

on や in などの前置詞は、発言者の視点とイメージにより選択されます。逆に、聞いている人はその選択でその状況をイメージしやすくなります。on は発言者がイメージした状況で境界線上に、in は境界線の中（内側）に位置していることを意味します。

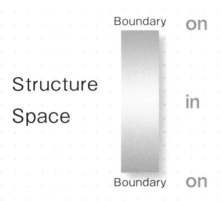

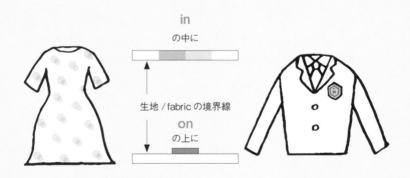

Key words
in, on

構造物
空間

境界線 （境界線）の上に

（境界線）の中に

境界線 （境界線）の下に

Point：

生地自身にパターンがあるワンピースなどの場合は、縫製した生地の縁が境界線になることをイメージすれば、patterns in the fabric となりますが、学校などの紋章（エンブレム）がブレザーに縫い付けられているようなときは生地の表面上（境界線）に位置するとイメージするため emblem on the fabric となります。また、生地にしみ込んで取れないシミは stain in the fabric で、洗濯で取れた場合は、表面上にあったとイメージできるので stain on the fabric です。

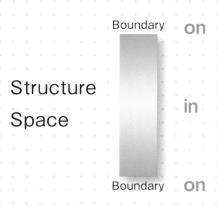

Structure

Space

Boundary — on

in

Boundary — on

Punch **in** the <u>face</u>.
顔面へのパンチ

Punch **on** the <u>nose</u>.
鼻へのパンチ

境界線	（境界線）の**上**に
構造物 空間	（境界線）の**中**に
境界線	（境界線）の**下**に

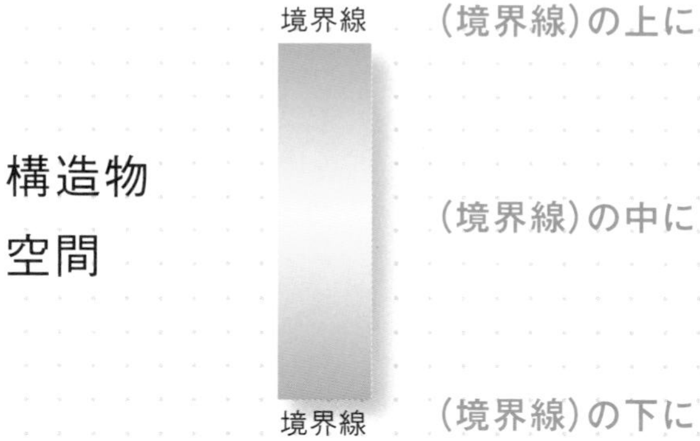

Point：

同じように顔面にパンチするという場合でも対象が「顔面」であれば前から見ると握りこぶしが顔面の中に入っているというイメージになり in を用います。一方、対象が「鼻」であれば握りこぶしが鼻の表面（境界線）上にあることから on を用います。なお、体の他の部位でも同じようなイメージを持った表現となり、例えば腹部（stomach）では in となります。

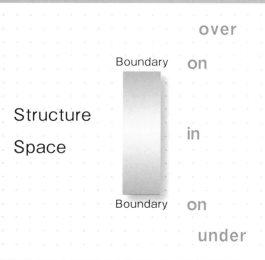

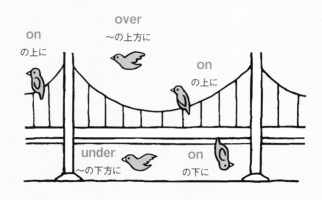

43 空間上の位置
- on / over / under

Spatial position - on / over / under

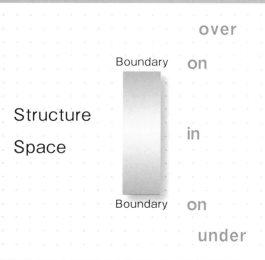

over

on

Boundary

Structure

Space

in

Boundary

on

under

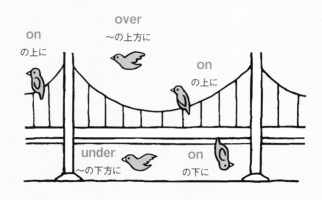

on
の上に

over
〜の上方に

on
の上に

under
〜の下方に

on
の下に

〜の上方に

境界線　（境界線）の上に

構造物

空間

（境界線）の中に

境界線　（境界線）の下に

〜の下方に

Point：

一つの構造物に着目した場合、その上方、下方や側方であって
も境界線上にあれば on が用いられます。但し、左図の鳥のよう
に橋の下にいるということを強調したければ under も可能です。
そして、その構造物から離れていた場合、上方、下方を飛んで
いることを言いたければ、flying over the bridge, flying under
the bridge と表現します。

over / above

Boundary   on

Structure

Space

in

Boundary   on

Look at the leaves above the bench. It is there.

ベンチの上の葉を見て。
そこにいるよ。

Where is
the bird?

鳥はどこにいる?

使用例文

☐ bridge over the river

☐ tablecloth over the table

above, in, on, over

~の上方に

境界線　　（境界線）の上に

構造物

空間

（境界線）の中に

境界線　　（境界線）の下に

Point：

above も over も共に「～の上方に」を表しますが、above は「ある基準点から、離れて上方に」というニュアンスで、位置を特定するのに使われます。例えば、富士山の高度を表すのには、3,776 meters above sea level と above を使っています。

一方、over には「何かを覆う」「包み込む」といったニュアンスを付けくわえることができます。例えば、bridge over the river や tablecloth over the table などです。

◻ 川にかかる橋　　　　　　　　　　◻ テーブルに敷いたテーブルクロス

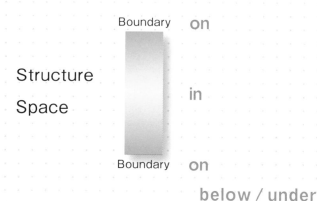

Structure

Space

Boundary — on

in

Boundary — on

below / under

Look at a bench
below the tree. It is
under the bench.

その木の下のベンチを見て。
そのベンチの下にいるよ。

Where is the bird?

鳥はどこにいる?

below, in, on, under

境界線　　（境界線）の上に

構造物

空間

（境界線）の中に

境界線　　（境界線）の下に

　　　　　　～の下方に

Point：

under も below も共に「～の下方に」を表しますが、below は「ある基準点から、離れて下方に」というニュアンスで、位置を特定するのに使われます。例えば、日本海溝の深さを表すのには、8,020 meters below sea level と below を使っています。

一方、under は何か覆いかぶさっているものの下に対象とするものがあるといったニュアンスです。

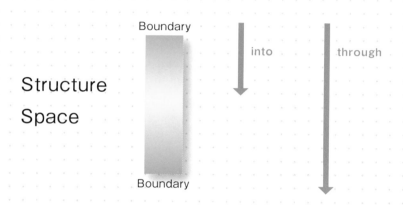

Structure

Space

Boundary

Boundary

into

through

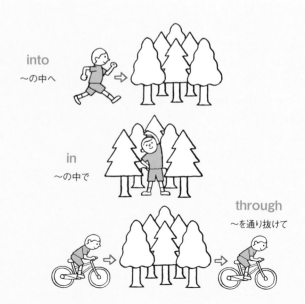

into
~の中へ

in
~の中で

through
~を通り抜けて

郵 便 は が き

1 6 2 - 8 7 9 0

東京都新宿区
岩戸町12レベッカビル
ベレ出版

　　読者カード係　行

|||l|l·|ll|l·||ll·|·||l·····|·|·|·|·|·|·|·|·|·|·|·|·|·|·|·||l·|l·|·||'l|l

お名前		年齢
ご住所　〒		
電話番号	性別	ご職業
メールアドレス		

個人情報は小社の読者サービス向上のために活用させていただきます。

ご購読ありがとうございました。ご意見、ご感想をお聞かせください。

● ご購入された書籍

● ご意見、ご感想

● 図書目録の送付を　　　　　　□ 希望する　　　□ 希望しない

ご協力ありがとうございました。
小社の新刊などの情報が届くメールマガジンをご希望される方は、
小社ホームページ（https://www.beret.co.jp/）からご登録くださいませ。

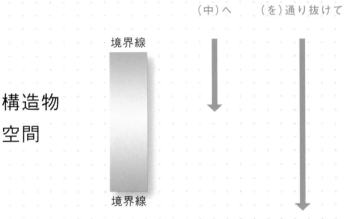

Point：

閉じた空間の外からの視点で、その空間に入っていく姿をイメージする際は into、入ってとどまっている場合は in、通り抜けて出ていくイメージを持てば through を使います。

Chapter 4

意思・感情を的確に伝える
表現を身につける

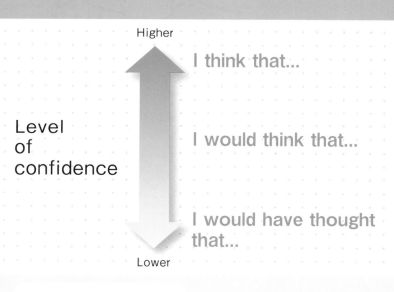

Higher

Level
of
confidence

I think that...

I would think that...

I would have thought
that...

Lower

I would have thought
that our team would win
the game last night.

昨夜の試合は我々の応援する
チームが勝つと思ってたんですが。

使用例文

☐ I think our team will win the national championship this year.
☐ I would think that our team might not win the game.

would have thought

高い

…だと思います。

自信度

…ではないかと思います。

（当然）…だと思ってたんだが。

低い

Point：

自分の意見に自信があり実現可能性が高い場合には現在形 think
を用います。少し控え目に表現する場合は、would を入れて I
would think とします（☞ 00-2-1-1）。I would have thought
that は慣用的な表現であり、（当然）～だと思っていたのだが、実
際にはそうはなっていない、といった少々驚いたときに使う表
現です。例えば、I would have thought that our team would
win the game last night, but unfortunately ... といった具合で
す。

▢ 我々のチームは今年、全国大会で優勝すると思います。
▢ 我々のチームはそのゲームで勝てないかもしれません。

48 賛成の意思を示す表現

Expressions that indicate "a positive intention"

Higher

Level of agreement

I couldn't agree with you more.

I agree 100%.

I agree.

I buy into. / I concur.

I have no problem with that.
That / It works for me.

Lower

We need to get a buy-in from Mr. Toyoda today.
今日、豊田さんから OK を
もらわないといけないね。

I do not think that he will buy into the plan.
彼がこの企画に賛同するとは
思えないけど。

使用例文

☐ A：I think it is their fault.　B：I couldn't agree with you more.

☐ A：I think we should start with an interview.　B：I agree 100%.

☐ A：Let us stop and have lunch now.　B：I agree.

☐ A：Shall we stop at the next filling station?　B：I have no problem with that.

☐ A：Shall we get together again at 3 o'clock?　B：That works for me.

Key words

agree, buy into, concur, work

高い

完全に同意します。

合意度

同意します。

賛同します。/ 受け入れます。

私はそれで構いません。

低い

Point：

一般に相手の提案に対して賛成の時は agree ですが、少しトーンを下げる場合には buy into や concur が使われます。例えば、ビジネスで上司の承認を取る場合などは動詞では buy into、名詞形では buy-in が使われます。一般にレターの差出人は文章の終わりに名前を書いてサインをします。その隣に少し格式ばりますが、concur と記述し、上司がサインすることで、上司も賛同しているということを伝えることもあります。

◻ A：それは彼らのせいだと思います。　B：全く同じ意見です。
◻ A：インタビューから始めるべきだと思います。　B：全く同じ意見です。
◻ A：ここで止めて、ランチにしましょう。　B：同意します。
◻ A：次のガソリンスタンドに立ち寄りましょう。　B：いいですよ。
◻ A：3時に再び集まろうか?　B：構いませんよ。

49

理解したことを示す表現

Expressions for showing that "we understand"

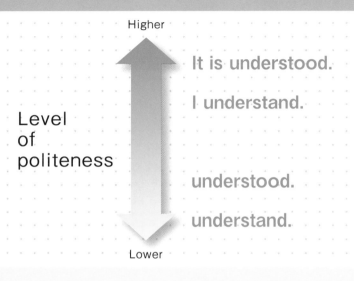

Higher

It is understood.

I understand.

Level of politeness

understood.

understand.

Lower

Don't be late again.
Is that understood?
もう、遅刻をしてはいけませんよ。
わかりましたか。

Understood.
わかりました。

understand

高い

かしこまりました。

承知しました。

丁寧さ

わかりました。

理解しました。

低い

Point：

相手の発言に対して「承知しました」とか「理解しました」とかと返答する場合は、動詞 understand を用います。但し、もし I understood. とすれば、「私は既に知っていました」という意味になり、会話がかみ合いません。しかし、この understood という表現はよく耳にします。これは、この understood は受身形で It is understood. の省略形であるからです（☞ 00-2-2-2）。自分を主体にすれば I understand. と現在形で言います。これも、省略されて understand. と言われることもありますが、命令に対する回答のようで、少しぶっきらぼうに聞こえます。

50

反対の意思を示す表現

Expressions that indicate "an opposite intention"

Higher

I disagree completely.
I disagree.

Level
of
disagreement

I don't think so.
Not likely.

You are missing the
point.

Lower

Mr.Sato will be
elected as the next
president.

佐藤さんが次の社長に
選ばれると思うよ。

I don't think so.
それは、どうですかね。

使用例文

- [ ] A: It is your fault.   B: I disagree completely. It is your fault.
- [ ] A: They insist that he is guilty; but I disagree with their opinion.
- [ ] A: They say that Mr. Suzuki will be the new vice president.
  B: Not likely.
- [ ] It is your fault.   B: You are missing the point. The point is who
  should be responsible to fix the problem.

Key words

disagree, miss the point

高い

完全に反対します。
反対します。

反対
度合い

それはどうかなあ。
無いと思いますよ。

あなたは意味を取り違えて
いるよ。

低い

Point：

相手の発言や提案に対して、「そんなことはあり得ない」とか「できない」とかの単純な意見を述べるときには not likely や I do not think so. などで軽く回答できます。話が詳細になり、相手の真意がわかってくると、自分の意見も固まってくるため disagree といった強い表現を用いて対応するようになります。なお、miss the point の表現を用い、話をそらすことでやんわりと反対の意思表示をすることも可能です。

___ A：それはあなたのせいですよ。　B：全く違う。それは君のせいだよ。
___ A：彼らは彼が有罪だと主張しています。しかし、私はその意見には反対です。
___ A：鈴木氏が新副社長になると言われています。　B：それはないと思いますよ。
___ それはあなたのせいです。　B：あなたはポイントを取り違えています。ポイントは、その問題を解決する責任を誰が負うのかということです。

Chapter 4

意思・感情を的確に伝える表現を身につける

119

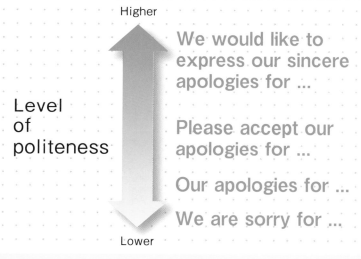

Higher

Level
of
politeness

We would like to express our sincere apologies for ...

Please accept our apologies for ...

Our apologies for ...

We are sorry for ...

Lower

Our apologies.
お詫び申し上げます。

使用例文

◻ **We would like to express our sincere apologies for** this sudden termination of the service.

◻ **Please accept our apologies for** the delay in the service.

◻ **We are sorry for** any inconvenience which may have been caused.

apology

高い

…の件に関して、この度はご迷惑をおかけして誠に申し訳ございませんでした。

丁寧さ

…の件に関して、ご迷惑をおかけして申し訳ありませんでした。

…に関しては申し訳ありません。

…の件では失礼しました。

低い

Point：

謝罪する文章などでは、共通事項で紹介した丁寧さを醸し出す方法を多用することで、相手を気遣ったニュアンスを出すことができます。この例では長い表現を用いる（☞ 00-1-1）、自分（1 人称）を主体にする（☞ 00-2-2-1）、そして、フォーマル度の高い単語 apology を使用（☞ 00-2-3-1）しています。日常で用いる We are sorry for... といった表現では丁寧さが下がります。

▁ このサービスの突然の終了につきまして、心からお詫び申し上げます。

▁ サービスの遅延につきまして、お詫び申し上げます。

▁ ご不便をおかけして申し訳ありません。

52 実行を否定する表現

Expressions that "deny execution"

Higher

Level
of
directness

Let us not implement this plan.

We should not implement this plan.

This plan would not work.

Lower

This plan would not work.
この企画はダメだな。

☐ There seems to be a fatal defect. Let us not implement this plan.

☐ The market is still in its infancy. We should not implement this plan.

高い

直接度

この計画は実行しないようにしましょう。

この計画は実行すべきでありません。

この計画は機能しないでしょう。（だから、やめましょう）

低い

Point：

ある計画などを実行するか、しないかは let us (not)... で表現できます。また、should (not) を用いれば「提案ですが」といった少し控えめな表現となります。さらに、計画を主体にして（☞ 00-2-2-2）、それ自身が機能するかしないかを would を使って述べることで、間接的に実行しないことを示唆します。「たとえ、実行したとしても機能しないでしょう」という仮定的な意味合いとなります。This plan will not work. とすると、「実行することになっている、あるいは実行するかもしれないが、きっと成功しないよ」といったニュアンスになります。

◻ 致命的な欠陥があるようです。この計画を実行しないようにしましょう。
◻ 市場はまだ初期段階にあります。この計画は実行すべきではありません。

Higher

Level
of
possibility

He will buy the car.

He can buy the car.

He might buy the car.
He would buy the car.

He could buy the car.

He never buys the car.

Lower

Will he buy the car?
彼はその車を買うでしょうか。

He will buy the car.
まあ、買うだろう。

高い

可能性

低い

彼はその車を…

まあ、買うだろう。

もし押せば、買うだろう。

買うかもしれないね。

買わないだろう。

決して買わない。

Point：

同じような表現でも、助動詞によってはその可能性が弱まり、さらにそれを過去形にすると、さらに弱まります。He can buy the car. は「買おうと思えば買える」、He could buy the car. は「買うことはできるのだけど、買わないであろう」というニュアンスになります。

Higher

You have good taste
for ties.

Level
of
directness

Nice tie.

I like your tie.

Lower

Thank you.
ありがとう。

I like your tie.
ネクタイがいいですね

Key words
like, taste

高い

直接度

ネクタイの趣味が良いですね。

素敵なネクタイですね。

ネクタイがいいですね。

低い

Point：

仕事やプライベートでも、会話相手の趣味をほめることは アイスブレークに繋がりますし、褒められて悪い気がする人は少ないと思います。そんな時、直接的に You have good taste for ties. というよりも、自分を主体として（☞ 00-2-2-1）、I like your tie. と言えば、間接的にしかも効果的に相手に気持ちが伝わります。like の代わりに、気持ちをもっと込めるため love も使われますが、日本人が使うには少し抵抗があるかもしれません。

Higher

Level
of
politeness

It would be most helpful if you could attend the conference.

It would be most helpful your attending the conference.

Your attendance at the conference would be appreciated.

Could you please attend the conference?

Please attend the meeting.

Lower

Formal conference
正式な会議

Casual meeting
カジュアルな打ち合わせ

高い

会議にご出席していただけると大変
助かるのですが。

会議に出席していただくと大変助か
るのですが。

丁寧さ

会議に出席いただけると助かります。

どうか会議へ出席くださいませんか。

どうぞ、会議へ出席ください。

低い

Point：

It would be ... if you could ... や It would be ... your ... ing は、
無生物主語を用いた、相手に何かを行うことを依頼する際の決ま
りきった丁寧な表現です。Formal conference などの招集に使
います。なお Could you please... と記述すると、事前に話をし
ていれば、「打ち合わせ通り、どうか出席ください」といった意味
になりますが、初めての依頼文であれば、出席を強要されている
ように受け取られかねませんので注意が必要です。親しい仲間内
での Casual meeting であれば Please attend the meeting. で
良いでしょう。

Higher

Level
of
politeness

I would appreciate it
very much if you could
give us a suggestion.

I would be grateful if
you could give us a
suggestion.

I would appreciate
your suggestion.

I need your suggestion.

Lower

I would appreciate
your suggestion.

提案をいただけませんでしょうか。

OK

いいですよ。

高い

丁寧さ

低い

ご提案をいただけるようであれば、大変助かるのですが。

ご提案をいただけるようであれば、幸いです。

提案をいただけませんでしょうか。

あなたの提案が必要です。

Point：

誰かに何かの作業を依頼する場合、テーマ 55 では無生物主語を用いた丁寧な表現を紹介しました。同じように一人称である I（あるいは we）を主体とし、表現することも可能です。過去形を多用し（☞ 00-2-1-1）、長い表現を用いることで（☞ 00-1-1）、丁寧さが増します。

Higher

Level
of
seriousness

Please study it, will you?

Please study it, can you?

Please study it, would you?

Please study it, could you?

Lower

Please study it,
would you?
それ、検討してみてくれない。

Certainly.
承知しました。

Key words

can, could, will, would

真剣度

高い　「検討してほしいのだけど　〜」

おねがいね。

できるよね。

どう、やってくれない。

どう、やってくれないかな。

低い

Point：

誰かに仕事を依頼する際に、両者の上下関係や親密度によって言葉遣いは変わると思います。そんなときに便利が良いのが助動詞です。命令形の後に、will you を付ければ、依頼されている方は依頼者の真剣度を感じます。また、それを過去形にした would you を付ければ丁寧さが出てきますので、少しトーンが弱まります（☞ 00-2-1-1）。もちろん、会話ではその言葉のイントネーションによってもかわってきます、早く、強く話せばより真剣度合いが増します。

Higher

↑

Level
of
seriousness

We will consider it
seriously.

We will consider it.
We will evaluate it.

We will think about it.

Lower

We will consider it.
検討させていただきます。

Key words

consider, evaluate

高い

是非検討させてください。

真剣度

検討してみます。

考えておきます。

低い

Point：

日本でのビジネスシーンではよく「検討する」という表現が使われます。英語に訳すと、consider, evaluate や think about といった表現になります。最後の think about は日本語の「考えておきます」と言ったニュアンスで真剣度が下がるので、断られる可能性が高くなります。consider に seriously などの副詞を添えると、真剣度合いが上がります。

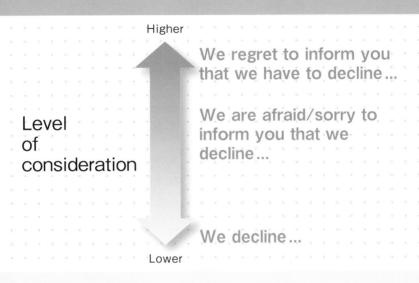

Level
of
consideration

Higher

We regret to inform you that we have to decline...

We are afraid/sorry to inform you that we decline...

We decline...

Lower

We decline!
お断りします。

Key words
decline, regret

高い

非常に残念ですが、お断りせ
ざるをえません。

思いやり度

申し訳ありませんがお断りし
ます。

お断りします。

低い

Point：

相手の提案や申し出を文書で断る場合、ただ単に「断る」を意味
する decline を使うだけではなく、その導入として regret to...,
be afraid to や be sorry to を加えることで丁寧さが出てきます
（☞ 00-3-1）。さらに、何らかの理由で断ることを避けられない
というニュアンスを出すため have to を加えることで、断られ
る相手に対する思いやりの度合いが上がります。

Higher

Level
of
politeness

We would like to draw your attention to our event next week. You are cordially invited to the reception of the event.

Please be advised that you are invited to the reception of our event next week.

You are invited to the reception of our event next week.

Lower

Welcome!

ようこそ！

高い

丁寧さ

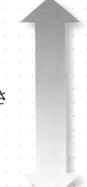

来週開催する我々のイベントに関しての
お知らせです。イベントではレセプショ
ンへご出席賜りたいと考えております。

来週行われる我々のイベントのレセプ
ションへご招待させていただきたくご連
絡差し上げます。

来週行われる我々のイベントのレセプ
ションへご招待致します。

低い

Point：

顧客を招待する文章などでは、共通事項で紹介した丁寧さを醸し
出す方法を多用することで丁寧さを出すことができます。一つめ
の例では長い表現を用いることと（☞ 00-1-1）、自分たち（we）を
主体にすること（☞ 00-2-2-1）の二点を用いています。

Higher

Level
of
consideration

I am afraid that I have another appointment at that time.

It does not suit my schedule.

I cannot join the meeting.

I will not be available.

Lower

I am afraid, ...
申し訳ありませんが…

Key words

available, afraid, suit, schedule

高い

申し訳ありませんが、その時間
は先約が入っています。

思いやり度

スケジュールが合いません。

出席できません。

都合がつきません。

低い

Point：

会議が都合の悪いタイミングに設定された場合に、欠席の回答を
する必要があります。その際、I am afraid から入りワンクッシ
ョンおいてから先約があるなどの理由を言うことで相手を気遣う丁
寧な表現となります (☞ 00-3-1)。また、my schedule を主体に
した第三者的な表現 (☞ 00-2-2-2) にすることも効果的です。

Higher

Level of annoyance

Lower

Response to something that someone has just said:

What's that supposed to mean?

What do you mean?

I don't understand what you mean.

What's that supposed to mean?

それは、どういう意味だよ。

相手が言ったことに対して：

高い

それはどういう意味だよ。

不満度

何を言っているのですか。

どういう意味でしょうか。
わかりかねます。

低い

Point：

相手の言ったことに対して、What's that supposed to mean?
と 回 答 し た 場 合、that が 主 体 に な っ て い る こ と と、文 章 が
supposed を入れて長くなっているので丁寧な表現に見えますが、
実際は、相手の意見に不満であり、その意見には賛成できないと
いうことを意味します。また、状況にもよりますが、What do
you mean? も同様にとられかねません。自分（I）を主体として
（☞ 00-2-2-1）。I don't understand what you mean. とするの
が無難です。

Chapter 5

ビジネスで多用される
表現のニュアンスの違いを
身につける

63

「準備する」を意味する表現

Expressions that mean "prepare"

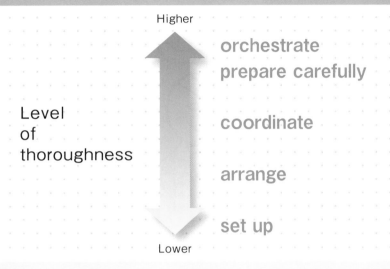

Level
of
thoroughness

Higher

orchestrate
prepare carefully

coordinate

arrange

set up

Lower

Let us orchestrate project XYZ.

プロジェクト XYZ を
周到に準備しよう。

使用例文

☐ It is crucial to prepare for market research carefully.

☐ Please coordinate the contents of the event with consideration of the cost.

☐ Could you arrange a ticket to Tokyo?

☐ Please set up a meeting with Mr. Toyoda next week.

Key words

arrange, carefully, coordinate, orchestrate, prepare, set up

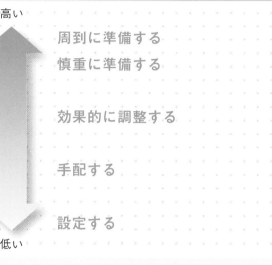

高い

周到に準備する

慎重に準備する

周到度

効果的に調整する

手配する

設定する

低い

Point：

あるプロジェクトや組織活動を行う際、計画を綿密に練り、用意周到に準備することを orchestrate と言います。オーケストラで用いられる楽器間の調和をとるように計画内の各要素の整合性をとっていくといったニュアンスです。

|__ 市場調査を慎重に準備することが肝要です。

|__ 費用を考慮してイベントの内容を調整してください。

|__ 東京へのチケットを手配してもらえますか。

|__ 来週、豊田さんとのミーティングを設定してください。

Higher

triangulate

Diversity in
point of
view

investigate

analyze

Lower

We will triangulate
various data to make
a proposal.

各種データを多面的に調査・
分析して提案しよう。

使用例文

◻ Let us investigate the root cause of the problem.
◻ This machine is useful to analyze the constituents of an object.

高い

多面的に調査・分析する

視点の多面性

調査する

分析する

低い

Point：

ある方針を決定するとかある案件に結論を出す際に、特定の情報に頼り切るのではなく、それとは独立したデータを並行して収集、異なったプロセスで得られたデータを、互いにつきあわせて分析を進めることがあります。このような分析を行うことを、三角測量（triangulation）で位置を決定するプロセスに例えて triangulate いう動詞で表します。この様な多面的な方法を用いることで全体像が明らかになり、提案内容の裏付けをとることもでき、質の高い結論を導き出せると考えられます。

⏌ 問題の根本原因を調査しましょう。
⏌ この機械は物質の構成要素を分析するのに役立ちます。

65 「業務課題」を意味する表現

Expressions that mean "business issue"

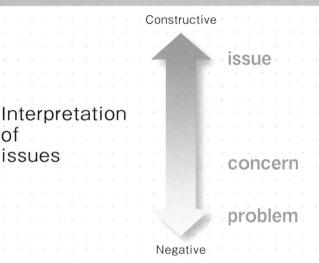

Constructive

issue

Interpretation
of
issues

concern

problem

Negative

High cost...
   problem...
     problem...
コスト高…問題だ…問題だ…

The issue is to
reduce cost of
parts being
purchased.

課題は購入部品のコストを
下げることだ。

使用例文

☐ We have a concern over the potential increase in the cost.

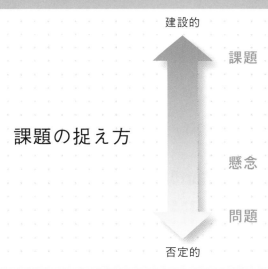

建設的

課題

課題の捉え方

懸念

問題

否定的

Point：

ビジネスでは予定外の「問題」が発生することがあります。そんな時は problem という一般用語を用います。しかし、これらの問題を解決していかなければビジネスは成り立ちません。例えば、予想よりも物価が上昇し、「製造原価が高い」という problem が出てきたとします。これを問題だ、問題だと話していたのでは、事態は進展しません。こんな時は「購入品のコストを 10% 下げる」といった具体的で建設的な目標が課題、即ち issue となります。なお、未だ「問題」として表面化していないものは「懸念」concern であり、この懸念を払しょくすることも issue になります。

⎺│ 潜在的なコストアップの懸念があります。

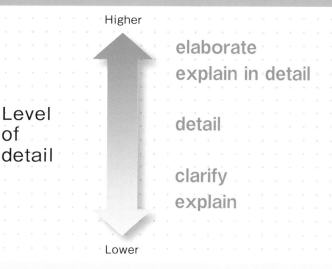

Higher

elaborate
explain in detail

Level
of
detail

detail

clarify
explain

Lower

The doctor is elaborating on
his medical test results.

医師が健康診断の結果を詳細に
説明しています。

⌐ Please explain the test result in detail. I am very curious about it.
⌐ Our client detailed the points which they are not satisfied with.
⌐ What I am hearing from you now is contradictory to what you
said yesterday. Please clarify your position.
⌐ Please explain what happened to you.

Key words

clarify, detail, elaborate, explain

高い

詳細度

詳細を説明する

詳しく述べる

明確化する

説明する

低い

Point：

一般に説明するという表現は explain です。そして、in detail を付け加えると詳細に説明するということであり、一つの単語 elaborate で表すことができます。また、detail は「詳細」という名詞の他に、動詞としても使われ「詳しく述べる」という意味があります。また、話の内容があいまいな時に、明確に説明するといったニュアンスで clarify が使われます。

____ テスト結果について詳細に説明してください。とても興味があります。

____ 私たちのクライアントは、彼らが満足していない点を詳述しました。

____ 私があなたから今聞いていることは、あなたが昨日言ったことと矛盾しています。
あなたの立場を明確にしてください。

____ あなたに何が起こったのか説明してください。

67 考えや意見を述べること を意味する表現

Expressions that mean "giving an idea or an opinion"

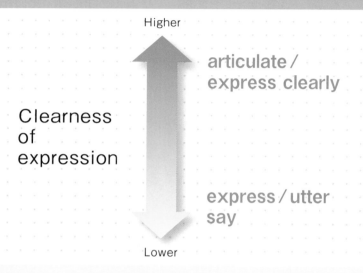

Higher

articulate /
express clearly

Clearness
of
expression

express / utter
say

Lower

After he articulated his opinion to the audience, a dialogue with them started.

彼が意見を聴衆に明確に伝えた後、彼らとの対話が始まりました。

使用例文

☐ The commentator always expresses his opinion clearly.
☐ He expressed his wish to become a politician.
☐ The prime minister uttered his thoughts about the new cabinet.
☐ What he said is reasonable.

高い

明確に述べる

明確度

（考え・意見などを）述べる
（〜について…と）言う / 話す

低い

Point：

考えていることを述べるのには express や utter という単語が用いられますが、それらに明確に（clearly）という概念を付け加えたものが articulate です。話の内容が首尾一貫していて、ロジカルに伝わるというニュアンスをもっています。articulate に類似した用語に speak fluently や speak eloquently があります。前者はノンネイティブスピーカーが外国語を流暢に話すことであり、後者は感銘を与える、説得力のある話をすることで、articulate の意味するところとは異なりますので注意が必要です。

___ そのコメンテーターは常に自分の意見を明確に表現します。
___ 彼は政治家になりたいという希望を表明した。
___ 首相は新しい内閣についての考えを述べた。
___ 彼が言ったことは理にかなっています。

Formal

It's your decision.

Level of formality

It's up to you.

It's your call.

Casual

It's your call.
あなたが決めて。

使用例文

☐ Mr. President, **it is your decision** whether or not to continue the project.

☐ Would you like to come with us to the party? **It is up to you.**

フォーマル

あなたが決定してください。

フォーマル度

あなた次第です。

あなたが決めて。

カジュアル

Point：

ビジネスでは、上司や決定権を持った人を前にして、どうするのか決定をゆだねるケースが多くあります。フォーマルな会議などの場で、重要な決定を行うのであれば It's your decision. と問いただしても良いでしょう。しかし、日常業務での会話の中で、残業をするか否かなどのシンプルな決定は It's up to you. さらには It's your call. と話したほうが場にふさわしくなります。

___ 社長、プロジェクトを継続するかどうか判断をお願いします。
___ パーティーに一緒に来ませんか? あなた次第ですけど。

Stronger

Level
of
requirement

keep me informed

keep me updated

keep me in the loop

Weaker

keep me in the loop
常時情報を共有する

強い

要求度

連絡をお願いします

何かあったら知らせてください

情報の共有をお願いします

弱い

Point：

プロジェクトなどの進行に伴い、通常その主要メンバー間で課題や進捗を共有化していきます。なかには主要メンバーではないが、関係者で全体の動きを把握しておきたい場合があります。具体的には e-mail の carbon copy (CC) レベルで情報が欲しいときなどです。この様なときは keep me in the loop と表現します。常に情報が欲しい時に、はっきりとした要求をする場合は、keep me informed、少し柔らかい表現では keep me updated という表現を使うこともあります。

70 受け入れられることを意味する表現

Expressions that mean "to be accepted"

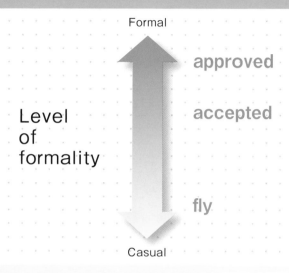

Formal

↑ approved

accepted

Level of formality

fly ↓

Casual

I believe that this proposal will not fly.

この企画は受け入れられ
ないと思うよ。

使用例文

☐ The budget for the next fiscal year has been approved.

☐ I hope that our proposal will be accepted by management.

Key words

accepted, approved, fly

フォーマル

承認される

受け入れられる

フォーマル度

取り上げられる
受け入れられる

カジュアル

Point：

ビジネスにおいて、各種提案が取り上げられるとか、受け入れ
られるということを、同僚間などでカジュアルに表現するのに
fly という動詞が用いられます。This proposal will not fly. と
いうと、「この企画は飛ばないぞ」、即ち経営陣に受け入れられ
ない、ということを意味します。一般のフォーマルな表現では、
be accepted あるいは be approved のことです。

☐ 来年度の予算が承認されました。
☐ 私たちの提案が経営陣に受け入れられることを願っています。

71 修正・変更することを意味する表現

Expressions that mean to "modify or change"

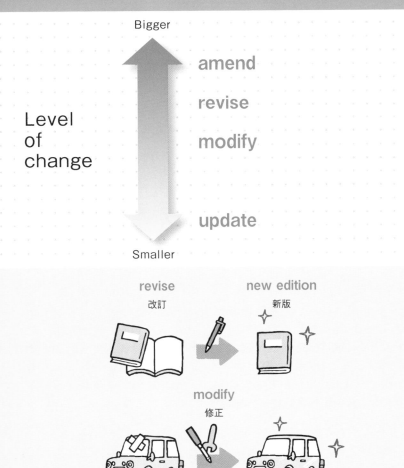

Bigger

Level of change

amend
revise
modify

update

Smaller

revise
改訂

new edition
新版

modify
修正

使用例文

☐ Politicians are debating if the constitution should be amended.
☐ The revised version of this book is available now in bookstores.
☐ It is very difficult to modify the initial setting personally.
☐ Please check the updated manuscript for the presentation.

Key words

amend, modify, revise, update

大きい

（間違えを）修正する / 変更する

（全面的に）修正する / 改訂する

変更度合

（部分的に、わずかに）修正する

最新状態にする

小さい

Point：

amend は法律や契約書で、ミスや不都合があった部分を直したり、新たなポイントを追加したりするといった意味合いで用いられ、直すとか正すというニュアンスです。revise は本や冊子などの時代遅れになった部分に新たな知識を追加する場合などに用いられます。一方、modify はより適切にするための修正というニュアンスです。文章のみならず機械などの設定を自分の用途に合うように変える場合などにも使われます。最後の update は従来のものから最新にしたという意味で、情報の追加・修正・変更などその内容は多岐にわたりますが、変更レベルはそれほど大きくないというニュアンスです。

___| 政治家が憲法を改正すべきかどうか議論している。

___| この本の改訂版が現在書店で販売中です。

___| 初期設定を個人的に変更することは非常に困難です。

___| プレゼンテーション原稿の更新版をご確認ください。

72 「良い点と悪い点」を意味する表現

Expressions that mean "good points and bad points"

Formal

↑

advantages and disadvantages

benefits and drawbacks

pros and cons

Level of formality

good points and bad points

↓

Casual

Compulsory English education at elementary schools

小学校における英語の義務教育化

PROS	CONS
（Advantages）	（Disadvantages）
（Benefits）	（Drawbacks）
（Good points）	（Bad points）
メリット	デメリット
Improve communication skills at an early stage	Decrease in the study duration for other subjects
早い段階でコミュニケーションスキルを向上させる	他の科目の学習期間が短縮される
…	…

Key words

advantage, benefit, disadvantage, drawback, pros and cons

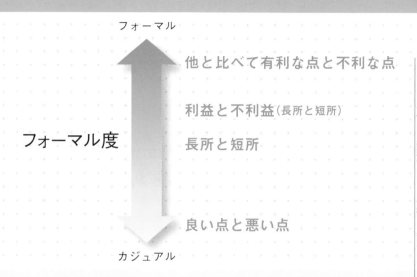

フォーマル

他と比べて有利な点と不利な点

利益と不利益(長所と短所)

フォーマル度

長所と短所

良い点と悪い点

カジュアル

Point：

ビジネスでプロジェクトの採否を決定する際、そのメリットとデメリットを整理して結論を出すというプロセスがとられます。英語では pros and cons という表現が用いられます。これは、ラテン語の pro et contra が語源です。それより少しフォーマルな表現として advantages and disadvantages があります。なお、benefits and drawbacks は本来、もたらされる利益と不利益を表しますが、この組み合わせもほぼ同意で使われています。簡単に言うと、good points and bad points となります。

73 数値の正確さを示す表現

Expressions to indicate "numerical accuracy"

Higher

↑

exact number

round number

approximate figure
ballpark figure

rough figure

Lower

Level
of
exactness

Our sales will grow to US$ 2Mill this year though this is a ballpark figure.
これは概算値ですが、当社の売上高は今年二百万米ドルに伸びるでしょう。

使用例文

☐ Do you know the exact number of employees in this company?
☐ How many employees are there in this factory? Give me a round number.
☐ The approximate sales figure would be a record high of 200 Million Yen this year.
☐ The rough figure of the stock value is 2,000 Yen per share.

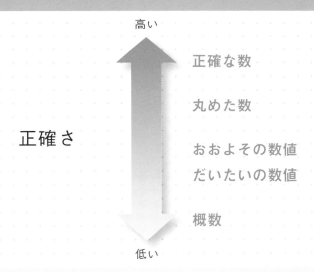

正確さ

高い

正確な数

丸めた数

おおよその数値
だいたいの数値

概数

低い

Point：

ビジネスではよく This is a ballpark figure. と説明を受けることがあります。これは approximate figure のことで、野球場でおおよその観客数を数えるラフさに例えて ballpark figure と言います。round number というと、正確な数値はあるがそれを丸めてシンプルに表現したという印象です。なお、plug number という表現もあります。これは、全体の数値を試算するのに、一部の数値が足りないため、当座 place holder として、例えば昨年の数値とか他社の数値とかを引用した数値のことです。

◻ この会社の従業員の正確な数を知っていますか?

◻ この工場の従業員は何人ですか? 丸めた人数でいいので教えてください。

◻ 今年のおおよその売上高は、過去最高の 2 億円になります。

◻ 株価の概算値は 1 株あたり 2,000 円です。

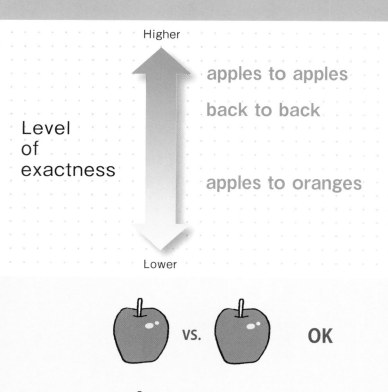

Higher

Level
of
exactness

apples to apples

back to back

apples to oranges

Lower

VS. OK

VS. NG

使用例文

⏵ When we compare the quality of two products, the comparison must be apples to apples.

⏵ A back-to-back comparison of the two different techniques to measure the noise level has been conducted.

⏵ I object to the final selection result because the comparison was apples to oranges.

apple, back, orange

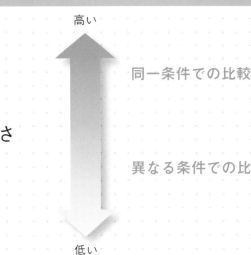

高い

同一条件での比較

厳密さ

異なる条件での比較

低い

Point：

他社と自社の商品の売値を比較するのに、例えば機能やグレードの違う製品を比較しても意味がありません。両者を比べる際には同一条件での比較を行う必要があります。これらの機能やグレードなどの条件をそろえた比較を an apples-to-apples comparison と言います。逆に、比較の条件がそろっていない状態での比較は apples to oranges であると言います。なお、ソフトウエア開発で行われる、条件をそろえたテストを back-to-back comparison と呼ぶことから、ビジネスでもこの表現を用いる人もいます。

⌐ 2つの製品の品質を比較するときは、比較条件をそろえなければなりません。

⌐ ノイズレベルを測定するための2つの異なる手法を同一条件のもと比較しました。

⌐ その比較の条件は同一ではなかったので、私は最終選択結果に反対します。

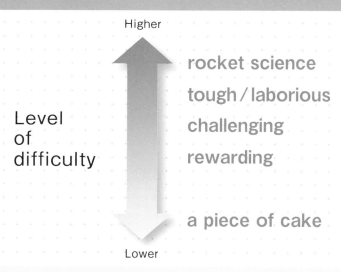

Higher

Level of difficulty

rocket science

tough / laborious

challenging

rewarding

a piece of cake

Lower

It seems tough.
難しそうね。

It is challenging, but it is not rocket science.
困難だけど、ロケット工学のような難解なものではありません。

使用例文

☐ The task given to me is tough, but it is rewarding.
☐ To handle heavy baggage at the airport is laborious work.
☐ For me, it is a piece of cake to fix the problem.

高い

非常に複雑で難しいもの

骨の折れる

困難な

やりがいのある

難易度

たやすいこと

低い

Point：

「そんなに悩まないで、これはそんなに難しいタスクではないよ」と言って励ます際に、It is not rocket science. という言い方をします。rocket science は非常に複雑で難しいとされているためです。非常に難しいタスクに対しては tough や laborious が用いられ、ポジティブな表現では、challenging や rewarding といった形容詞が用いられます。簡単という代わりに a piece of cake という表現もよく使われます。なお、大変難しいことを impossible と表現してしまうと、「難しい」を通り越して「不可能」になりますので、注意が必要です。

☐ 私に与えられた仕事は大変ですが、やりがいがあります。
☐ 空港で重い荷物を扱うのは骨の折れる仕事です。
☐ 私にとってその問題を解決するのはたやすいことです。

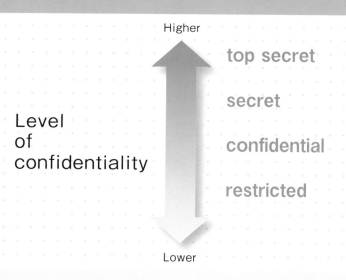

Higher

Level
of
confidentiality

top secret

secret

confidential

restricted

Lower

機密情報ランク	漏洩時の影響
top secret 機密	➡	**exceptionally grave damage** 非常に重大なダメージ
secret 極秘	➡	**serious damage** 深刻な被害
confidential 秘	➡	**damage** 損傷
restricted 取扱注意	➡	**undesirable effects** 望ましくない影響

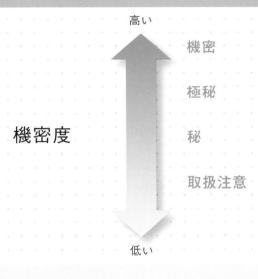

機密度

高い
機密
極秘
秘
取扱注意
低い

Point：

社内の機密情報は各国の国家機密の分類などを参考に、その機密度で分類して、書類などにそれを明記し参照できる対象者を制限しています。その分類はそれぞれの会社で決められており、一般にはその情報がオープンになった場合に会社にどの程度のダメージを与えるかで決めています。なお、uncontrolled copy と明記された印刷物を目にすることがあります。これは機密度の分類ではなく、品質管理の観点から、「一旦印刷された情報は電子情報とは異なり、担当部署がネット等で内容を変更しても、その変更が及ばないので注意してください」というメッセージです。

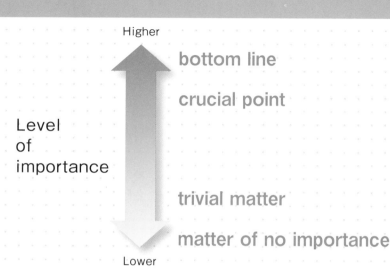

Higher

Level of importance

bottom line

crucial point

trivial matter

matter of no importance

Lower

The bottom line is that we must take the chance.

肝心なのは、我々はチャンスをつかまないといけないということです。

使用例文

☐ We should set aside trivial matters and concentrate on the crucial point.

☐ Whether or not to win the competition is a matter of no importance. The crucial point is to participate in the competition.

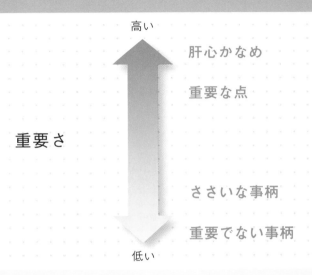

高い

肝心かなめ

重要な点

重要さ

ささいな事柄

重要でない事柄

低い

Point：

ビジネス討議の際、The bottom line is that we must take this chance. といった具合に bottom line を頻繁に使います。この用語は損益計算書の最終行、即ち当期純利益(net income)のことです。ビジネスではこの値が常に意識されるため、肝心かなめなことや討議の結論を意味するのに bottom line が使われます。

☐ 些細なことはさておき、重要なポイントに集中しましょう。

☐ レースに勝つかどうかは重要ではありません。重要なポイントは、レースに参加することです。

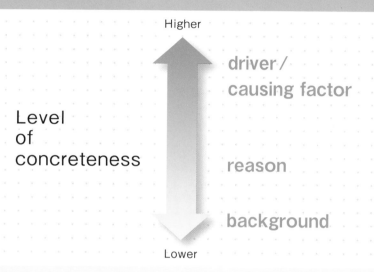

Higher

driver /
causing factor

Level of concreteness

reason

background

Lower

The hope of rebuilding the Roman Empire is the main **driver** of investment.

ローマ帝国を再建するという希望が投資を誘発した要因です。

使用例文

☐ It is important to identify the **causing factor** of the problem before discussing its counter measures.

☐ Let me explain the **reason** for having this meeting.

☐ Could you tell us the **background** of this project?

高い

ある現象や活動の要因

具体性

理由

背景

低い

Point：

ビジネスでは driver という単語が良く使われます。これは、あるプロジェクトなどを実施する際の、直接的な要因となったこと、即ち、「原動力」のことです。何故このプロジェクトをやっているのかというピンポイントでの説明です。

☐ 対策を検討する前に、問題の原因を特定することが重要です。

☐ この会議を開催する理由を説明しましょう。

☐ このプロジェクトの背景を教えてください。

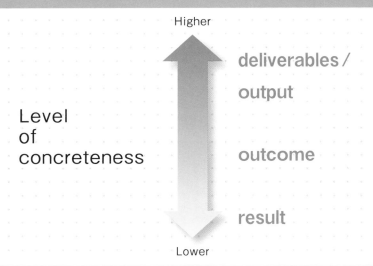

Higher

Level
of
concreteness

deliverables /
output

outcome

result

Lower

result /（結果）

Extensive
information
sharing
広範囲に渡る
情報の共有

outcome /（成果）

Roles and
responsibility
役割と責任

deliverables /
output
（成果物）

Timing Plan / 計画表
Drawings / 図面
Quality chart / 品質表
Cost estimate / 原価見積

使用例文

☐ Shown in the handout are the deliverables of the project for each milestone.

☐ The output of each activity must be integrated.

☐ The outcome of this meeting should be noted in minutes.

☐ The result of the study is encouraging.

deliverable, outcome, output, result

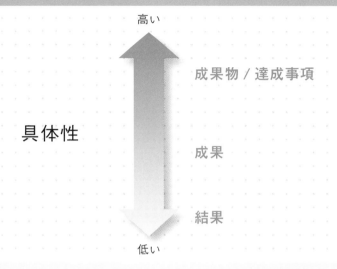

高い

成果物 / 達成事項

具体性

成果

結果

低い

Point：

仕事の成果を表現する場合、まずは「結果」を意味する result が用いられ、例えば広範囲にわたって情報を共有化した、といった漠然とした内容から具体的な項目までを包括します。「成果」を意味する outcome は、例えばある会議でプロジェクト参加メンバーの役割分担が合意されたなど、もう少し具体性が出てきます。そして、さらに具体的なイメージが浮かぶレベルまでブレークダウンしたものが、deliverables や output と呼ばれるものです。一般にはプロジェクト開始時にこの deliverables を設定し、それらがすべて deliver された時点でその仕事が終わったことになります。

☐ 配布資料には、各マイルストーンでのプロジェクトの成果物が示されています。
☐ 各活動の成果物を統合する必要があります。
☐ この会議の結果は、議事録に記録しておく必要があります。
☐ 検討の結果は希望の持てるものでした。

80 同じ価値であることを示す表現

Expressions that show that it is "the same"

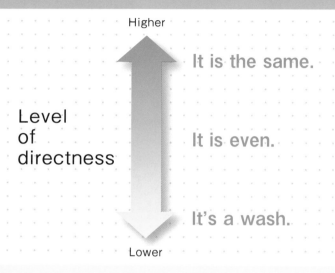

Higher

It is the same.

Level of directness

It is even.

It's a wash.

Lower

It's a wash.
結局同じことです。

plan A plan B

使用例文

- ☐ We believe that Plan B is the same as Plan A
- ☐ The scores of Plan A and Plan B are even in the end.
- ☐ Plan B is newly proposed against Plan A; but I believe that it's a wash.

Key words

even, same, wash

高い

同じことだ。

直接度

同一である。

同じことになる。

低い

Point：

ビジネスで事業の代替案評価を行った結果、同じレベルの事業価値であった場合、It's a wash. と表現し、結局同じことですということがあります。この wash は the same とか even とかと同じ意味ですが、not meaningfully differentiated という意味あいで、積極的にはその別案を採用する必要はないのではないかというニュアンスを付け加えます。

___

◻ プラン B はプラン A と全く同じだと考えています

◻ プラン A とプラン B のスコアは最終的にも等しくなっています。

◻ プラン B は、プラン A に対して新たに提案されています。しかし、私はそれは同じことだと思います。

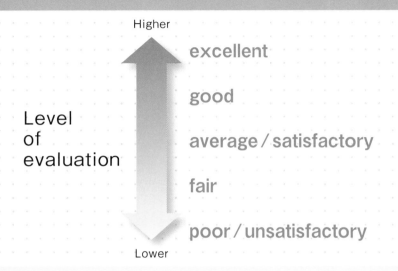

Level
of
evaluation

Higher

excellent

good

average / satisfactory

fair

poor / unsatisfactory

Lower

Performance Review Sheet

勤務評定表

		Poor	Fair	Satisfactory	Good	Excellent
		期待を大きく下回る	期待を下回る	期待通り	期待を超えた	期待を大きく超えた
Technical skills	技術力			✓		
Productivity	生産性				✓	
Creativity	創造性		✓			
Communication	コミュニケーション					✓
Coworker relations	同僚との関係					✓
Integrity	誠実さ				✓	
Punctuality	時間厳守			✓		
Total					✓	

average, excellent, fair, good, poor, satisfactory, unsatisfactory

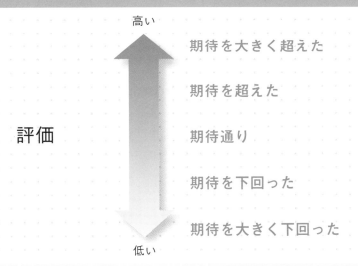

高い

期待を大きく超えた

期待を超えた

評価　期待通り

期待を下回った

期待を大きく下回った

低い

Point：

学校での学業成績や会社での勤務評定（performance appraisal/ performance review）を 5 段階評価で行う場合の形容詞の例です。学校や会社によっては異なる表現を用いることもあります。excellent、good、fair や poor は通常の単語のイメージと合います。気を付ける点は satisfactory です。この単語はみんなを満足させる satisfying と混同しないようにしなければなりません。評価で使われる場合は average、acceptable、it's okey の意味合いで使われます。

82 社員の能力評価で「弱点」を意味する表現

Expressions that mean "weak point" in an employee's performance review

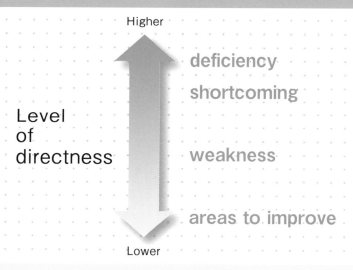

Higher

Level
of
directness

deficiency

shortcoming

weakness

areas to improve

Lower

Your areas to improve is your creativity.

あなたの改善すべき領域は創造力を
もっと伸ばすことです。

使用例文

☐ There are apparent deficiencies in this standard.
☐ Our shortcoming is that we forget lessons learned right away.
☐ We should know our strengths and weaknesses.

Key words

area, deficiency, improve, shortcoming, weakness

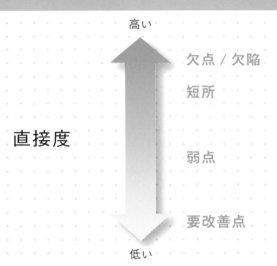

高い

欠点 / 欠陥

短所

直接度

弱点

要改善点

低い

Point：

社員の能力評価（ability evaluation）を行う場合、その社員の弱点を明記する必要があります。そんなとき、weakness であればともかく、deficiency や shortcoming と記述すると、あまりに直接的であり不適切。そんなときは、areas to improve と建設的な表現にすることが多いようです。

| | この標準には明らかな欠陥があります。
| | 私たちの欠点は、すぐに教訓を忘れてしまうことです。
| | 自分の長所と短所を知っておく必要があります。

83 「給与」を意味する表現

Expressions that mean "salary"

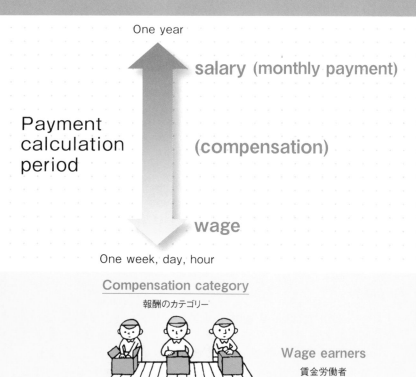

One year

salary (monthly payment)

Payment calculation period

(compensation)

wage

One week, day, hour

Compensation category
報酬のカテゴリー

Wage earners
賃金労働者

Salaried people
サラリーマン

使用例文

☐ A new employee receives a monthly salary of two hundred thousand yen.

☐ The average daily wage of that type of work is twenty thousand yen.

Key words

compensation, salary, wage

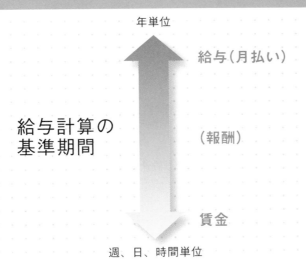

年単位

給与(月払い)

給与計算の
基準期間

(報酬)

賃金

週、日、時間単位

Point：

一般に、会社で支払われる給与は compensation と呼ばれ、その支払い方で salary と wage に分かれます。wage が支払われる従業員は例えば時間当たりの単価(wage の額)が決まっており、これに労働した時間数を乗じた額が賃金(wages)として支払われます。一方、salary が支払われる従業員は一年間で支払われる給与が決まっており、通常それを月単位で、その期間の相当分を計算し支払われます。wage earners の場合は労働時間の増減により支払われる給与は変わりますが、salaried people の場合は原則、労働時間の増減によらず決まった額が支払われます。

☐ 新入社員は月給 20 万円を受け取ります。
☐ そのタイプの仕事の平均日給は 2 万円です。

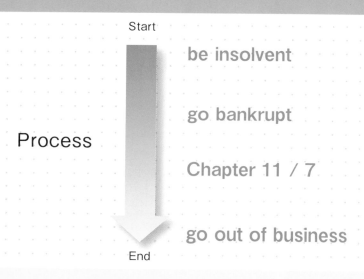

Start

Process

be insolvent

go bankrupt

Chapter 11 / 7

go out of business

End

No money left
for repayment.
返済資金がありません。

使用例文

- [ ] The company was declared insolvent.
- [ ] The company has gone bankrupt.
- [ ] The company is going to file Chapter 11 to continue its operation.
- [ ] The president has admitted that the company is in the state of Chapter 7.
- [ ] If the company has gone out of business, the guarantee is no longer valid.

開始

支払い不能状態にある

倒産する

プロセス

米国の連邦倒産法に従った
倒産処理手続きの法律

廃業する

終了

Point：

銀行等からの負債の返済要求に対応できなくなった(Insolvent)時点で会社は倒産します(go bankrupt)。その後、倒産(bankruptcy)の法的プロセスが開始され、再生を目指すのであれば米国の場合、Chapter 11(再建型手続き)を適用し、債務の一部免除などで債務の負担を軽減し、オペレーションを継続します。その後、利益から負債を返済していきます。一方、再生が不可能と判断すれば、Chapter 7(清算型手続き)を適用し会社や債務とも抹消させる手続きに入ります。その後、廃業へ(go out of business)へと進みます。なお、go out of business は経営不振の場合のみだけではなく、後継者がいないときなど計画的に事業を止める場合も含みます。

⎵ その会社は破産宣告されました。
⎵ その会社は倒産しました。
⎵ その会社は事業を継続するためにチャプター 11 を提出する予定です。
⎵ その社長はその会社がチャプター 7 の状態にあることを認めました。
⎵ 会社が廃業した場合、保証は無効になります。

85 「解雇」を意味する表現

Expressions that mean "dismissal"

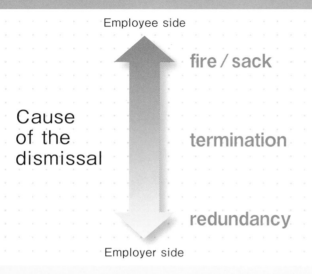

Employee side

fire / sack

Cause
of the
dismissal

termination

redundancy

Employer side

Dismissal

解雇

使用例文

☐ The staff member was fired due to his bad behavior.
☐ The salesperson has been sacked due to his bad performance.
☐ The employee asked the company to clarify the reason for his termination.
☐ Given its bad financial situation, the company is offering voluntary redundancy.

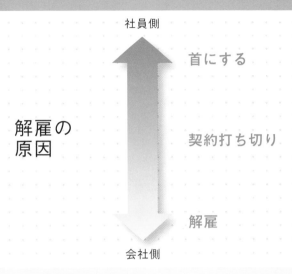

社員側

首にする

解雇の
原因

契約打ち切り

解雇

会社側

Point：

一般に「解雇」は dismissal と言われますが、社員が会社の期待に添わ
ない働きぶりであるとか、業務上の問題を起こしたときなどには fire
（米）/sack（英）を用い、fire/sack someone と言います。redundancy
はその人の職種が不要になったとか、会社側（employer）が財務的に
社員を維持できなくなったときに使い、make someone redundant
といった表現を用います。しかし、必ずしもそのポジションがなく
なるわけではなく、新たな人を後任として雇い入れる場合には、単
純に termination という表現になります。この場合は、特別な理由で
fire や redundancy の状態になったわけではないため、会社側からの
しっかりとした理由が必要です。なお、会社側が、会社都合で一時
的に社員を自宅待機させるときなどは lay off と言います。

- ［］ そのスタッフは態度が悪かったので解雇されました。
- ［］ その営業担当者は成績が悪かったため解雇されました。
- ［］ その従業員は会社に対して契約打ち切りの理由を明確にするよう依頼しました。
- ［］ 財務状況が悪いため、同社は希望退職を募っています。

86 「無職」を意味する表現

Expressions that mean "jobless"

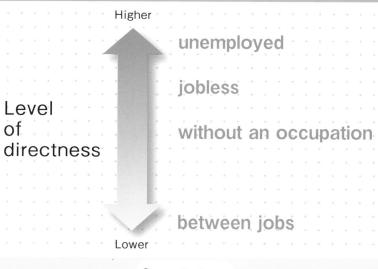

Higher

unemployed

jobless

without an occupation

Level
of
directness

between jobs

Lower

Currently I am
between jobs.
私は現在仕事を探して
います。

使用例文

- During the recession, many people became unemployed.
- My mother has been jobless after her marriage with my father.
- My father has been without an occupation after his retirement from Company A.
- My younger brother has been between jobs after he was made redundant from Company B.

Key words

between, jobless, occupation, unemployed

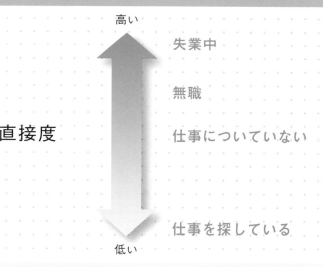

高い

失業中

無職

直接度

仕事についていない

仕事を探している

低い

Point：

厳密にいうと、「無職」を意味する jobless や without an occupation は職業についていない人、「失業」である unemployed は仕事を探しているが見つけられていない人を指します。過去仕事をしていたが、なんらかの理由で退職、現在は次の仕事を探しているという状態、即ち「失業中」を間接的に、かつ明確に表すのに便利な表現に between jobs があります。

☐ 不況期には、多くの失業者が生まれました。

☐ 母は父と結婚してから仕事についていません。

☐ 私の父は会社 A を引退した後、無職です。

☐ 私の弟は会社 B から解雇された後、仕事を探しています。

Chapter 6

会議で使える便利な表現を身につける

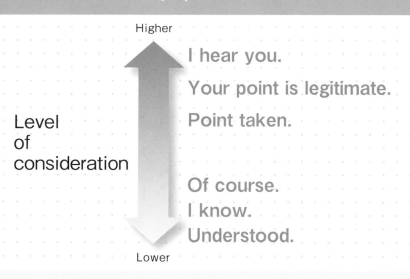

Higher

Level of consideration

↑↓

I hear you.

Your point is legitimate.

Point taken.

Of course.
I know.
Understood.

Lower

I hear you.
あー、そうなの。
わかるよ。

Key words
legitimate, point

高い

思いやり度

言ってることわかるよ。

言ってることは正当だよ。

なるほどそうだね。

もちろん。
そうだよ。
わかった。

低い

Point：

会話の中で、相手の発言に対して相槌をうったり、理解を示したりすることがよくあります。そんなときには一般に Of course や I know などの表現が使われます。しかし、簡単な表現ですが I hear you と言ってもらうと、自分の意見を聞いてくれているのだなと安心します。ただ、この後にはその意見に賛成されるケースと、反対されるケースとがありますので喜んでばかりはいられません。また、少し格式ばった単語ですが、「合法的な」を意味する legitimate という言葉も使われます。

88 説明に満足していることを示す表現

Expressions for showing that we are "satisfied" with the explanation

Higher

be satisfied with...

be pleased with...

Level of satisfaction

be happy with...

be comfortable with...

Lower

I am satisfied with the explanation. Thank you.

今の説明で満足です。
ありがとうございました。

Are you happy with my explanation so far?

これまでの説明で何か気になる
ところはありますか。

使用例文

☐ A：Are you happy with the proposal?
　B：I am comfortable with the data, so I have no objection.

☐ A：Are you comfortable with the proposal?
　B：I am very pleased with the proposal. I appreciate your efforts to consolidate the plan.

Key words

comfortable, happy, pleased, satisfied

高い

満足した

満足度

異論はありません

低い

Point：

会議の途中、「何か疑問点や気になる点はありませんか。」と
いった具合に、説明者は参加者が話についてきてくれているか
否か確認することがあります。こんな時は、Are you happy
with my explanation? あるいは Are you comfortable with my
explanation? などと、切り出します。もし、話を理解してその説
明に満足していれば、I am satisfied with the explanation. と応
えます。

▢ A：本提案に異論はありませんか? B：そのデータ結構です、異論はありません。
▢ A：本提案に異論はありませんか? B：大変満足しております。そのプランを
練り上げていただいた努力に感謝します。

Higher

Level
of
politeness

Let me put it this
way,...

In other words,...

which means that...

Lower

Let me put it this way,...
この様に言えばいかがでしょうか。

I am not
following you.
話についていってません。

☐ He is very selfish. In other words, I don't like to work with him.

☐ Our turnover decreased by 15 % this year, which means that
we are in the red.

高い

この様に言えばいかがでしょうか…

丁寧さ

別の言葉でいうと…

あるいは…

低い

Point：

話をしている途中で、内容が理解されていないと察した時などに別の表現で言い換え、説明を続けることがあります。そのようなときは、単純に which means that ... で別の表現を使うか、In other words としっかり前置きをして、別の言葉に置き換えます。さらに丁寧に話したいときは Let me put it this way とすれば、聞く方はしっかりと説明してくれるであろうと期待が高まります。

◻ 彼はとても利己的です。別の言葉でいうと、私は彼と一緒に仕事をしたくはないということです。

◻ 今年の売上高は 15% 減少しました。つまり、赤字です。

Higher

Level
of
consideration

I just heard that...

Someone just said that...

He just said that...

You just said that...

Lower

I just heard that...
今、こういう意見がありました。

高い

今、こういう意見がありました。

今、どなたかがこう言われました。

思いやり度

今、彼がこの様に言いました。

今、あなたはこの様に言いました。

低い

Point：

主語を自分(I)にすることで、誰が言ったのかは問わず、その意見のみに注目を集めることができます(☞ 00-2-2-1)。これを、彼(He)が言った内容であるとか、さらにはあなた(You)が言った内容などと発言者を特定すると、反対意見を持つ人からのその発言者に対しての攻撃を助長することになりかねません。特に、You は対立関係に繋がりやすいので避けたほうが無難です。

91 コメントや質問を求める表現

Expressions asking for "comments and questions"

Formal

↑

Level of formality

Do you have any comments or questions, please?

Are there any comments or questions?

Any comments or questions?

Casual

Any suggestions as a next step?

今後の進め方について提案はありませんか。

204

any, comments, questions

フォーマル

コメントや質問をお持ちの方は
お願いします。

フォーマル度

コメントや質問はございませんか。

コメントや質問はありませんか。

カジュアル

Point：

相手に対して会議の内容などについて反応を求める時には、一般
に Do you have any ...? や Are there any ...? と尋ねます。そ
んな時、簡単でかつ失礼でない表現に Any ...? があります。例え
ば、次のような表現です。

Any objections?　（異議はありませんか）
Any additional information?　（追加情報はありませんか）
Any suggestions?　（提案はありませんか）

Higher

Level
of
politeness

Is it possible for me to make a proposal?

May I make a proposal?

I have a proposal.

Listen to my proposal.

Lower

May I make a proposal?
一つ提案しても良いですか。

高い

丁寧さ

私に一つ提案をさせていただけ
ませんか。

一つ提案をしても良いですか。

一つ提案があります。

私の提案を聞いて。

低い

Point：

会議の途中で自分から提案を行う場合、I have a proposal. や
Listen to my proposal. といった表現で、他メンバーの注目を
引くことがあります。しかし、控えめに発言したいのであれば自
らを主体とし（☞ 00-2-2-1）、他のメンバーに問いただすように
疑問形とし、文章を長くすることが効果的です（☞ 00-1-1）。

Higher

I think you have
answered my question.

Level
of
consideration

I understand your point.

Please stop talking.

Stop.

Lower

I think you have
answered my question.
私の疑問にもう答えてくださったと
思います。

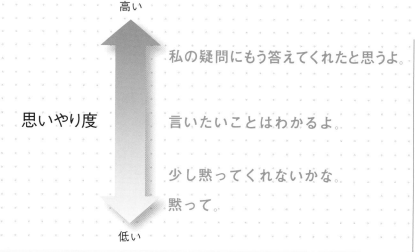

Point：

何かについて相手に質問した際に、相手が自己主張を繰り返し、
なかなか発言をやめないことがあります。こんな時に、相手を傷
つけないで、黙ってほしいということを伝えるには、視点を変え
て I think you have answered my question. と言うと効果的です。

Higher

Level
of
consideration

We seem to have been sidetracked.

You are hijacking this meeting.

You've gone too far.

Enough.

Lower

We seem to have been sidetracked.
話が脱線したようですね。

Key words

hijack, sidetrack

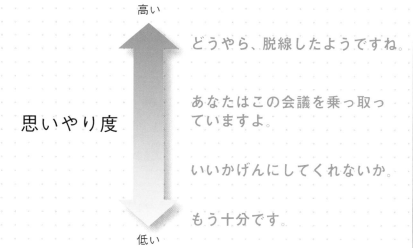

高い

どうやら、脱線したようですね。

思いやり度

あなたはこの会議を乗っ取っていますよ。

いいかげんにしてくれないか。

もう十分です。

低い

Point：

会議の途中に、会議の主旨から逸脱し、自説を繰り返し説明し、なかなか発言をやめない人達がいます。しつこい相手に対しては enough や You've gone too far. などとはっきり言いたいところです。しかし、こんな時には、You are hijacking this meeting. と場を和ませたり、一人称を主語にして、We seem to have been sidetracked. と告げ、脱線したので元に戻そうという意思を示せば効果的にこれらの人々をけん制することができます。

Higher

Let us discuss it offline.

Let us discuss it at another occasion.

Level of consideration

It has nothing to do with this agenda.

Lower

Let us discuss it offline.
その点は別の場で個別に話しましょう。

It has nothing to do with this agenda.
【この議題と何の関係もないのだけど…】

高い

その点は別の場で個別に話しましょう。

その点は別の場で話しましょう。

思いやり度

その点はこのミーティングの議題と関係ありません。

低い

Point：

その場で話すのにふさわしくない議論が始まったときや回答を持ち合わせていないときなどに、別の場で話すことをやんわりと示唆するのに、offline という表現が使われます。電話会議やインターネットを使ってのテレビ会議を想定して（online）、後ほど offline で、といった意味合いです。発言者を傷つけず、周りの人も納得する効果的な表現です。

Higher

Can we continue this later?

We are running out of time.

I have another appointment.

Level
of
consideration

I really have to go.

Time is up.

We are wasting our time.

Lower

I want to finish this now!
【もう、終わりにしたいと思っているのに!】

Can we continue this later?
別の機会に続きをやりませんか。

Key words

appointment, later, run out of, waste

高い

思いやり度

別の機会に続きをやりませんか。

時間が無くなってきましたね。

別の約束があるのですが。

どうしても行かないといけないんですが。

時間切れです。

無駄に時間が過ぎてるよ。

低い

Point：

主体を we にして話すことで思いやり度を上げることができます。一方、I を主体とすることで、自分の都合で悪いがとにかく終了させてほしいとお願いしているニュアンスになります。

なお、強い口調で、会議を終わらせたいときは、We are wasting our time. と強制終了する人もいます。但し、これはノンネイティブスピーカーにはお勧めできない表現です。なお、We を You にすると個人攻撃になるので、注意が必要です。

参考文献

Martin Hewings, *Advanced Grammar in Use*, Cambridge University Press, 2011

NTC's Dictionary of Everyday American English Expressions, NTC Publishing Group, 1996

中丸友一郎、『英語表現 フォーマル＆インフォーマルを使い分ける』、ベレ出版、2012

日経BPムック、『やり直し英語勉強術【完全版】』、日経BP社、2011

濱田伊織、『洗練された会話のための英語表現集』、ベレ出版、2016

平見尚隆 著、篠田義明 監修『企業で必要な英語コミュニケーション力を身につける』、ベレ出版、2014

マヤ・バーダマン著、ジェームス・M・バーダマン 監修『英語のお手本 そのままマネしたい「敬語」集』、朝日新聞出版、2016

ロス典子、モーリス・タック、『CD BOOK ネイティブの感覚で前置詞が使える』、ベレ出版、2005

おわりに

　私が企業に入社したての 1980 年代の後半、当時の上司から「10 年後は外国人と机を並べて仕事をする時代になる。そんな時に慌てないように、英語でのコミュニケーション力を身につけておきなさい」と指導されたものです。

　その予言が的中したのか、1990 年代から、私は多くのネイティブスピーカーと仕事を行っていく機会に恵まれました。日頃のんびりと話している同僚たちも、一旦、会議などで議論が始まると、スピーディーに言葉を選びながら注意深く発言します。そのような待ったなしの状況の中でコミュニケーションを可能にしていくために必要な表現を集めました。

　ニュアンスの違いがわかったら、実践あるのみです。覚えた表現を使ってみて、もし、ネイティブスピーカーがそれをオウム返しなどで反応してきたらしめたものです。その表現は既にあなたのものになっています。間違いを恐れず使っていきましょう。

平見尚隆

平見 尚隆（ひらみ・なおたか）

広島大学特任教授（学術・社会連携室）

広島大学附属高校、早稲田大学理工学部卒
1986 年 早稲田大学工学修士、1994 年 ケンブリッジ大学博士号 (Ph.D.) 取得

マツダ株式会社入社後、研究開発に従事。Ford USA 本社、Ford Europe、Ford Asia Pacific & Africa では商品企画業務やそのマネジメントを担当。メキシコにおいてはマツダ関連現地法人の経営も行う。この間、Pennsylvania 大学 Wharton 校にて Executive Development Program にも参加。これらアメリカ、イギリス、ドイツそしてメキシコにおける海外経験をベースに、現在は大学において産学連携の国際化を推進する傍ら、企業や実際の生活で必要な外国語でのコミュニケーション力の必要性を訴え、セミナーや講演を実施中。

［著書］『企業で必要な英語コミュニケーション力を身につける』『ストーリーで身につけるスペイン語基本会話』（共にベレ出版）

- ── カバー・本文デザイン　　竹内 雄二
- ── イラスト　　いげた めぐみ
- ── DTP　　WAVE 清水 康広
- ── ネイティブチェック　　Nicholas Woo
- ── 校正　　林 千根

英単語使い分けグラデーションマップ

2020 年 6 月 25 日	初版発行
2020 年 11 月 28 日	第 3 刷発行

著者	平見 尚隆
発行者	内田 真介
発行・発売	ベレ出版 〒162-0832　東京都新宿区岩戸町12 レベッカビル TEL.03-5225-4790 FAX.03-5225-4795 ホームページ　http://www.beret.co.jp/
印刷	三松堂株式会社
製本	根本製本株式会社

ISBN 978-4-86064-621-9 C2082　　　　　　編集担当　綿引ゆか

企業で必要な英語
コミュニケーション力を身につける

平見尚隆 著　　篠田義明 監修

四六並製／本体価格 1400 円（税別）■ 232 頁

ISBN978-4-86064-386-7 C2082

「あなた以外の日本人とはコミュニケーションができない」と国際的な会議の場で言われた著者が、なぜ日本人は英語でのコミュニケーションが苦手なのかを考え、ビジネスパートナーから信頼を得るにはどのような英語を身につけ、どう接したらいいのかを、身近な英語を使う場面や実際にあったビジネスシーンでの例をあげながら丁寧に解説をしていく。気を付けるべきポイントさえおさえれば必ず友好な関係が築けることを証明してくれる、仕事をするビジネスパーソン必読の一冊。

☆MP3☆ ストーリーで身につける
スペイン語基本会話

平見尚隆 著

A5 並製／本体価格 1900 円（税別）■ 352 頁

ISBN978-4-86064-456-7 C2087

外国語の習得にはストーリーのある会話を理解し、繰り返し聞き、声に出して練習することが効果的。本書では、スペイン語圏の国に赴任することになった日本人青年が、現地での生活に慣れ、生活を楽しむストーリーにそって、初級からどんどんレベルアップしていきます。表現、語彙は基本をしっかりと網羅。英語対訳と、自然でリアルな会話表現をメキシコで収録した音源付き。